人间游戏：人际关系心理学

［美］艾瑞克·伯恩 著

杨立华 译

云南人民出版社

果麦文化 出品

献给我的病人和学生
是他们让我越来越清楚游戏和生活的意义
他们的教导仍在继续

序言

虽然这本书主要是作为我著的《心理治疗中的沟通分析》(*Transactional Analysis in Psychotherapy*)[1]的续篇,但我刚开始写作的时候就已经计划好了,它也可以独立阅读和理解。第一部分概述了分析游戏和清楚理解游戏所需的理论。第二部分包含了对各个游戏的描述。第三部分包含新的临床和理论材料,加上旧的材料,使我们在某种程度上可以理解一个不用玩游戏的世界意味着什么。那些想要了解更多背景的人可以参考前文提及的著作。这两本书都阅读过的读者会注意到,除了理论上的进步,在进一步的思考和阅读,以及新的临床材料的基础上,术语和观点也有一些微小的调整。

之所以出版这本书,是因为学生和讲座的听众要求提供游戏列表,或进一步详细阐述那些在解释沟通分析原理时简要提到的游戏,感谢这些学生和听众。此外还要感谢许多观察、发现或命名新游戏的病人,特别是芭芭拉·罗森菲尔德(Barbara Rosenfeld)女士,她对聆听的艺术和意义提出了许多想法。还有梅尔文·博伊斯(Melvin Boyce)先生、约瑟夫·康坎农(Joseph Concannon)先生、富兰克林·厄恩斯特(Franklin Ernst)医生、肯尼斯·埃弗茨（Kenneth Everts）医生、戈登·格瑞特（Gordon Gritter）医生、弗朗西斯·马特森（Frances Matson）夫人和雷·波因德克斯特（Ray Poindexter）医生，他们独立发现并证实了很多游戏的意义。

前旧金山社会精神病学研讨会研究主任，现任职于密歇根大学心理学系的克劳德·斯坦纳（Claude Steiner）先生，有两点特别值得一提：第一点是他第一次开展实验证实了这里争论的许多理论观点；第二点是这些实验的结果很大程度上阐明了自主性和亲密的本质。我还要感谢研讨会财务秘书薇奥拉·利特（Viola Litt）女士和我的私人秘书玛丽·威廉姆斯（Mary N. Williams）夫人一直以来的帮助，以及感谢安妮·加勒特（Anne Garrett）协助审校书稿。

语义学说明

为了简洁起见，这些游戏主要从男性的角度进行描述，除非它们具有明显的女性色彩。因此，游戏主角通常被指定为"他"，但这绝非偏见，因为除非另有说明，否则同样的情况也可以很容易地改成"她"。如果女性的角色与男性的角色有很大的不同，本书会分开对待。治疗师同样没有偏见地被指定为"他"。词汇和观点主要面向临床执业医生，但其他行业的人员也会发现这本书有趣或有用。

尽管本书中使用的一些术语，如"回报"（payoff），现在已经是公认的数学术语，但是"沟通游戏分析"（transactional game analysis）应该与发展中的姊妹学科"数学博弈分析"（mathematical game analysis）明确区分开来。数学理论中的博弈论详见卢斯（R. D. Luce）和雷法（H. Raiffa）合著的《博弈与决策》（*Games & Decisions*）[2]。

1962 年 5 月，于加州卡梅尔市

参考文献

[1] Berne, E., *Transactional Analysis in Psychotherapy*, Evergreen, 1961.

[2] Luce, R. D., and Raiffa, H., *Games & Decisions*, Chapman & Hall, 1957.

目录

引言 / 001

第一部分　游戏分析 / 009

第二部分　游戏汇编 / 053

第三部分　超越游戏 / 167

附录 / 185

引言

社会交往

社会交往理论在《沟通分析》[1]中已经有相当详细的概述，可以概括如下。

斯皮茨[2]发现，长期没有身体触摸的婴儿，身体机能会陷入不可逆转的衰退，并容易最终死于并发疾病。实际上，这意味着他所说的情感剥夺可能会产生致命的后果。这些观察引发了刺激饥渴（stimulus-hunger）的概念，并表明最受欢迎的刺激形式是那些由身体亲密提供的形式——基于日常经验，这一结论并不让人难以接受。

在遭受感官剥夺的成年人中可以看到一种相关的现象。在实验上，这种剥夺可能会导致短暂的精神病，或者至少引起暂时的精神困扰；在过去，社交剥夺和感官剥夺在被判长期单独监禁的个体身上也会产生类似的影响。事实上，单独监禁是最令人畏惧的惩罚之一，即使对肉体惩罚习以为常的囚犯来说也是如此[3][4]，现在是一种臭名昭著的诱使政治服从的程序（相反，反对政治顺从的最好武器是社会组织[5]）。

在生理方面，情感剥夺和感官剥夺很可能会导致或加剧器质性变化。如果脑干的网状激活系统[6]没有得到充分的刺激，神经细胞可能会间接地发生退行性变化。这可能是营养不良造成的继发效应，但营养不良本身可能是冷漠的结果，就像患有消瘦症的婴儿一样。因此，可以假设一条生物链，从情感剥夺和感官剥夺，到冷漠，到退行性变化和死亡。从这个意义上说，刺激饥渴对人类有机体生存的重要性与食物饥渴是一样的。

事实上，不仅在生物学上，而且在心理学和社会学上，刺激饥渴在许多方面与对食物的饥渴相似。"营养不良""饱足""美食家""贪食者""时尚派""苦行僧""烹饪艺术"和"好厨师"等术语很容易从营养领域转移到知觉领域。过度填塞与过度刺激有相似之处。在这两个领域中，在供应充足、菜单多样化的通常条件下，选择将受到个人特质的很大影响。这些特质中的一些或许是天生的，但这与这里讨论的问题无关。

社会精神病学家关心的是婴儿在正常成长过程中与母亲分离后会发生什么。到目前为止，我们所说的内容可以用一句俗语[7]来概括："如果你不被抚摸，你的脊髓就会萎缩。"因此，在与母亲的亲密关系结束后，这个人的余生就面临着一个两难境地，他的命运和生存不断地被抛向这个两难境地。一方面是社会、心理和生物力量，它们阻碍着婴儿式的身体亲密关系的继续；另一方面是他为实现这一目标而不懈地努力。在大多数情况下，他会妥协。他学会了更微妙的，甚至是象征性的应对方式，比如，连最微小的点头认可也能在某种程度上起到作用，尽管他最初对身体接触的渴望仍然没有减弱。

这个妥协的过程可以用不同的术语称呼，比如"升华"，但无论它叫什么，结果都是将婴幼儿期的"刺激饥渴"部分地转变为一种可以被称为"认可饥渴"的东西。随着妥协的复杂性增加，每个人在寻求认可的过程中都变得越来越个人化，正是这些差异为社会交往增添了多样性，并决定了个人的命运。一位电影演员可能需要匿名的、无差别的仰慕者每周给他数百次安抚，才能让他的脊髓不至于萎缩；而一位科学家可能每年从一位受人尊敬的大师那里得到一次安抚，就能保持身心健康。

"安抚"可以用作身体亲密接触的通称。在实践中，它可以有多种形式。有些人真的会抚摸婴儿，有些人会拥抱或轻拍，而有些人会开玩笑地用手捏或用指尖拨弄。所有这些在谈话中都有它们的类似物，所以似乎可以通过听一个人说话来预测一个人会如何对待婴儿。作为意义的延伸，"安抚"可以在口语中用来表示任何暗示认可他人存在的行为。因此，安抚可以被用作社会行动的基本单位。安抚的交换构成了沟通，而沟通是社会交往的计量单位。

就博弈论而言，这里出现的原则是，任何社会交往都比根本不交往有生物学上的优势。这一点已经通过莱文（S.Levine）[8]的一些引人注目的在大鼠身上的实验得到了证明。在这些实验中，触摸不仅对身体、心理和情感的发育有帮助，而且对大脑的生化结构，甚至对抵抗白血病都有积极的影响。这些实验的显著特点是，温和的触摸和痛苦的电击在促进动物健康方面同样有效。

这种对上文所说内容的证实，鼓励我们更有信心地进入下一节。

时间的结构

我们暂且假定,对婴儿的安抚及其成年后的等价物——认可——两者都具有生存价值。问题是,接下来该怎么办呢?在日常生活中,人们在互相问候后能做些什么,无论是大学里的一句"嘿",还是街头巷尾持续几小时的嘘寒问暖?在刺激饥渴和认可饥渴之后是"结构饥渴"(structure-hunger)。青少年长期面临的问题是:"然后你会对那个人说什么?"不只青少年,还有许多其他人也觉得社交间歇是最让人不舒服的——这是一段沉默不语、无所适从的时间,在场的人都想不出比"你不觉得今晚的墙是垂直的吗"更有趣的话了。人类永恒的问题是如何安排他醒着的时间。从存在主义的角度来看,所有社会生活的功能都是为此而让大家互相帮助。

时间结构的具体操作可以被称为编排(programming),并将其划分为材料、社会与个人三方面。安排时间最常见、最方便、最舒适、最实用的方法是通过设计一个项目来处理外部现实中的材料,即通常所说的工作。严格来说,这样的项目应该被称为"活动";因为社会精神病学的一般理论认为,社会交往也是一种工作形式,所以"工作"一词并不确切。

材料编排源于在处理外部现实时遇到的各种变化;只有当活动提供了"安抚"、认可和其他更复杂的社交形式时,材料编排才令人感兴趣。材料编排从根本上来说不是一个社会问题,本质上它基于数据处理。建造一艘船的活动依赖一系列的测量和估算,而发生的任何社会交流必须从属于这些测量和估算,才能使建造持续进行。

社会编排催生了传统的仪式性或半仪式性的交流。衡量它的主要标准是当地人是否接受，也就是通常所说的"有礼貌"。世界各地的父母都会教他们的孩子礼仪，这意味着他们知道正确的问候、用餐、排泄、求爱和哀悼的仪式，以及如何在适当的分寸下讨论某一话题。这种分寸感让人进退有据，不过其中一些是普遍适用的，一些是在局部地区通行的。在当地的传统中，就餐时打嗝或问候另一个男人的妻子，要么是被鼓励的，要么是被禁止的。事实上，这些交流之间存在着高度的反相关性。通常，在吃饭打嗝的地方，问候女性是不明智的；在人们问候女性的地方，吃饭打嗝是不明智的。通常，在正式的仪式之后，是半仪式性的主题对话，为了区分，我们可以将后者称为"消遣"。

随着人们变得越来越熟悉，越来越多的个人编排悄悄进入，从而开始发生"事件"。这些事件表面上看起来似乎是偶然的，有关各方可能都会这样说，但仔细观察会发现，它们往往遵循特定的模式，易于整理和分类，而且顺序受到没有明说的规则的限制。只要友好或敌对行动持续按规则进行，这些规则就会一直隐藏着；但如果采取非法行动，导致象征性的、口头的或法律上的"犯规"抗议，这些规则就会变得显而易见。与消遣不同的是，这样的顺序更多地基于个人而不是社会编排，可以被称为游戏(game)。家庭生活和婚姻生活，以及在各种组织机构中的生活，都有可能是年复一年地进行同一游戏的不同变体。

说社交活动大部分都是在玩游戏，并不一定意味着它是"好玩的"或双方没有认真地参与到关系中来。一方面，足球和其他体育"游戏"可能一点儿也不好玩，玩家可能非常严肃；这些游戏与赌博和其他形式的"玩"都有可能非常严肃，有时甚至会有严重后果。另一方面，一些作家，例如赫伊津哈（Huizinga）[9]，在"游戏"中加入了食人族的盛宴等骇人听闻的事情。因此，将自杀、酗酒、吸毒、犯罪或精神分裂症等悲剧行为称为"玩游戏"并不是不负责任、开玩笑或野蛮的行为。人类游戏的本质特征不是情绪的虚假性，而是这些情绪是受控制的。当对不合理的情绪表现实施制裁时，这一点就会暴露出来。游戏可能是极其严肃的，有时候甚至是性命攸关的；但只有在违反规则的情况下，才会有严重的社会制裁。

消遣和游戏取代了真正的亲密。正因为如此，它们可能被认为是预备性的参与，而不是真正的结合，这就是为什么消遣和游戏被描述为令人痛苦的娱乐形式。当个人（通常是本能的）编排变得更加激烈，社交模式、隐秘的限制和动机开始让位时，亲密就开始了。只有在这个时候，刺激饥渴、认可饥渴和结构饥渴，才能够得到彻底的满足。亲密的原型是柔情蜜意的受孕行为。

结构饥渴与刺激饥渴具有相同的生存价值。刺激饥渴和认可饥渴表达了避免知觉饥渴和情感饥渴的需求，后两者都会导致生物退化。结构饥渴表达了避免无聊的需要，克尔恺郭尔（Kierkegaard）[10]指出了无结构时间造成的弊端。如果无聊持续一段时间，它就会成为情感饥渴的代名词，并可能产生同样的后果。

孤独的人可以用两种方式来安排时间：活动和幻想。每一位教师都知道，即使当着别人的面，一个人也可以保持孤独。当一个人是一个由两个或更多人组成的社交团体中的一名成员时，有几种选择来安排时间。按照复杂性的顺序，它们是：（1）仪式；（2）消遣；（3）游戏；（4）亲密；（5）活动——可以由前面四种任意组合而成。一个集合体的每个成员的目标，是从他与其他成员的沟通中获得尽可能多的满足。他越平易近人，就越能获得满足感。他的社交活动的大部分编排都是自动进行的。由于在这一编排下获得的一些"满足"，如自我毁灭的满足，很难从"满足"一词的通常意义上辨认出来，因此最好用一些更不明确的词语来代替，如"收获"或"获益"。

社交接触的获益围绕着身体和心理的平衡。它们与以下因素有关：(1) 缓解紧张；(2) 避免有害的局面；(3) 获得安抚；(4) 维持既定的平衡。生理学家、心理学家和精神分析师都对这些问题进行了非常详细的调查和讨论。翻译成社会精神病学的术语，它们可以表述为：(1) 主要的内在获益；(2) 主要的外在获益；(3) 次级获益；(4) 存在主义获益。前三种类似于弗洛伊德所描述的"疾病带来的获益"：分别是内在的因病获益、外在的因病获益和有害健康的获益[11]。经验表明，从获益的角度来研究社会沟通比将其视为防御性操作更有用、更具启发性。首先，最好的防御是根本不参与任何沟通；其次，"防御"的概念只涵盖前两类获益的一部分，其余的部分，连同第三和第四类获益，都因为这一视角而被排除在外了。

最令人满意的社交接触是游戏和亲密关系，无论它们是否包含在一系列活动之中。长时间的亲密关系是罕见的，即便如此，它也只是一件私事；重要的社交活动通常以游戏的形式进行，这是我们在这里主要关心的主题。关于时间结构的更多信息，可以参考作者关于团体动力的书[12]。

参考文献

[1] Berne, E., *Transactional Analysis in Psychotherapy*, Evergreen, 1961.

[2] Spitz, R., 'Hospitalism: Genesis of Psychiatric Conditions in Early Childhood', *Psychoanalytic Study of the Child*, 1: 53-74, 1945.

[3] Belbenoit, Rene, *Dry Guillotine*, Cape, 1938.

[4] Seaton, G. J., *Scars on my Passport*, Hutchinson, 1951.

[5] Kinkead, E., *Why they Collaborated*, Longmans, 1960.

[6] French, J. D., 'The Reticular Formation', *Scientific American*, 196:54-60, May 1957.

[7] The "colloquialisms" used are those evolved in the course of time at the San Francisco Social Psychiatry Seminars.

[8] Levine, S., 'Stimulation in Infancy', *Scientific American*, 202: 80-86, May 1960.

Levine, S., 'Infantile Experience and Resistance to Physiological Stress', Science, 126:405, 30 August 1957.

[9] Huizinga, J., *Homo Ludens*, Routledge, 1949.

[10] Kierkegaard, S., *A Kierkegaard Anthology* (ed. R. Bretall), Princeton University Press, 1947, pp. 22ff.

[11] Freud, S., 'General Remarks on Hysterical Attacks', Standard Edn, n, Hogarth Press, London, 1955.

Freud, S., 'Analysis of a Case of Hysteria', ibid., vi, 1953.

[12] Berne, E., *The Structure and Dynamics of Organizations and Groups*, Pitman Medical, 1963.

第一部分　游戏分析

第一章　结构分析

对自发的社会活动的观察——最有效的是在某种类型的心理治疗团体中进行的观察——表明人们不时地在姿势、观点、声音、用词和其他行为方面表现出明显的变化。这些行为变化往往伴随着情绪的变化。在一个特定的个体中，一组特定的行为模式对应一种心态，而另一组行为模式与一种不同的心理态度有关，通常与第一种不同。这些变化和差异产生了"自我状态"的概念。

在专业术语中，自我状态在现象上可以被描述为一个连贯的情绪系统；在操作上可以被描述为一套连贯的行为模式。在更实际的术语中，它是一个伴随着一系列相关行为模式的情绪系统。每个人的自我状态的数量似乎是有限的，这些状态不是角色，而是心理现实。它们可以分为以下几类：（1）类似于父母形象的自我状态；（2）自主地指向对现实的客观评价的自我状态；（3）那些代表古老遗迹的自我状态，即在幼年时期稳固下来，现在仍然活跃的自我状态。从技术上讲，这些状态分别被称为外部心理自我状态、新心理自我状态和古老心理自我状态。通俗地说，它们的表现被称为父母、**成人**和儿童，除了最正式的讨论之外，这些简单的术语适用于所有人。

因此，情况是，在任何给定的时刻，社会集合体中的每个人都会表现出**父母**、**成人**或**儿童**的自我状态，并且个人可以通过不同程度的准备从一个自我状态转移到另一个自我状态。这些观察结果引发了某些诊断性陈述。"这是你的**父母**"的意思是："你现在的心态和你的父母（或父母的替代者）之一曾经的样子是一样的，你的反应和他一样，姿势、手势、用词、情绪等都是一样的。""这是你的**成人**"的意思是："你刚刚对情况做出了自主的、客观的评估，并以一种不带偏见的方式陈述这些思维过程、你所感知的问题和你所得出的结论。""这是你的**儿童**"的意思是："你的反应方式和意图跟你小时候一样。"

这里的启示在于：

1. 每个人都有父母（或替代父母），他有一套自我状态，这些自我状态复制了父母的自我状态（如他所认为的），这些父母自我状态在某些情况下可以被激活（外部心理功能）。通俗地说："每个人都怀揣着他的父母。"

2. 如果能够激活适当的自我状态（新心理功能），每个人（包括儿童、智力低下者和精神分裂症患者）都有能力进行客观的数据处理。

3. 每个人都曾经比现在更年轻，他身上带着早年固定下来的痕迹，在某些情况下将被激活（古老心理功能）。通俗地说："每个人心里都怀揣着一个小男孩或小女孩。"

在这一点上，绘制图 1a 是合适的，它被称为结构图。从目前的观点来看，这代表了每个人的完整人格。它包括他的父母、

成人和**儿童**自我状态。它们小心翼翼地相互隔开，因为它们是如此不同且经常不一致。对一个没有经验的观察者来说，这些区别一开始可能不是很清楚，但很快努力学习结构诊断的人会感觉印象深刻且有趣。从现在起，人们可以方便地称真实的人为父母、成人或儿童，不用加粗；当提到自我状态时，将使用加粗的**父母**、**成人**和**儿童**。图1b表示结构图的一种方便、简化的形式。

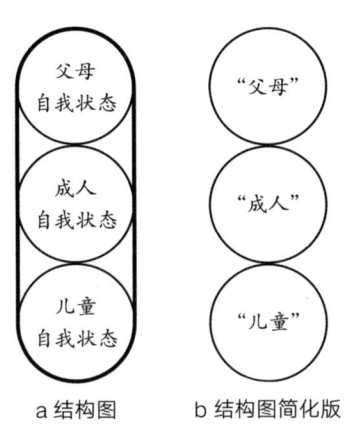

图1 自我状态结构图

在我们离开结构分析这个主题之前，某些使情况复杂化的因素应该被提及。

1."孩子气的"一词从来不用在结构分析中，因为它已经具有强烈的不受欢迎的含义，代表一些需要立即停止或摆脱的东西。"孩子气的"一词被用来描述儿童（一种古老的自我状态），因为它更多的是生物学的，而不是偏见的。事实上，在许多方面，孩子是人格中最有价值的部分，可以为个人的生活做出贡献，就像一个真正的孩子对家庭生活所能做出的贡献一样：魅力、快乐和创造力。如果作为个体的儿童感到困惑和不健康，那么结果可能很不幸，但我们可以而且应该做些什么来解决这个问题。

2."成熟"和"不成熟"这两个词也是如此。在这个体系中，没有"不成熟的人"这样的东西。有一些人，他们身上的儿童不适当地或没有成效地接管了他们，但所有这样的人都有一个完整的、结构良好的成人，只需要被揭开或激活。反过来说，所谓的"成熟的人"是那些能够在大部分时间里让**成人**处在掌控位置的人；但有时候，像其他人一样，他们身上的**儿童**会处在掌控位置，这通常会带来令人不安的结果。

3. 值得注意的是，**父母**以两种形式表现出来，直接的和间接的：作为一种积极的自我状态和作为一种影响。当它被直接激活时，这个人的反应就像他自己的父亲（或母亲）实际上回应的那样（"像我一样做"）。当这是一种间接影响时，他会按照他们想要他回应的方式做出回应（"别按我做的做，按我说的做"）。在第一种情况下，他成为他们中的一员；在第二种情况下，他使自己适应他们的要求。

4. 因此，儿童也以两种形式表现出来：**适应型儿童**和**自然型儿童**。适应型儿童是在父母的影响下改变自己行为的人。他的行为就像父亲（或母亲）希望他表现的那样：例如，顺从或早熟。或者，他通过退缩或抱怨来调整自己。因此，父母的影响是原因，而适应型**儿童**是结果。自然型儿童是一种自发的表达：例如，叛逆或创造力。大量饮酒所带来的后果证实了结构分析的正确性。通常这首先会让**父母**关闭，这样适应型儿童就不受**父母**的影响，感到浑身轻松而转变成自然型儿童。

就人格结构而言，上面概述的内容足够进行有效的游戏分析了。

自我状态是正常的生理现象。人脑是精神生活的器官或组织者，其产物以自我状态的形式组织和存储。彭菲尔德（Penfield）和他的同事们的一些发现已经证明了这一点。在不同的层面上还有其他的分类系统，比如事实记忆，但体验的自然形式本身就处于不断变化的心理状态中。每种类型的自我状态对人类有机体都有重要的价值。

儿童身上蕴藏着直觉、创造力、自发的动力和快乐。

成人是生存所必需的。它处理数据并计算概率，这对于有效地与外部世界打交道是必不可少的。它也经历了自己的挫折和满足。例如，穿越一条繁忙的高速公路，需要处理一系列复杂的速度数据；行动被暂停，直到计算表明安全到达另一边的可能性很高。这种类型的成功计算提供的满足感，让滑雪、飞行、航行和其他快速移动的运动项目变得有趣。**成人**的另一项任务是调节**父母**和**儿童**的活动，并客观地在他们之间进行调解。

父母有两个主要功能。首先，它使个人能够有效地扮演真正孩子的父母的角色，从而促进人类的生存。它在这方面的价值体现在这样一个事实上：首先，在抚养孩子方面，在婴儿期成为孤儿的人似乎比那些进入青春期时家庭完整的人过得更艰难；其次，它使许多反应自动化，这节省了大量的时间和精力。很多事情的完成，是因为"事情就该这样做"。这使**成人**不必做出无数琐碎的决定，这样它就可以专注于更重要的事情，把日常事务留给**父母**。

因此，人格的三方面都具有很高的生存和生活价值，只有当其中一方面扰乱了健康的平衡时，才会进行分析和重组。否则，它们中的每一个，无论是**父母**、**成人**，还是**儿童**，都有权得到平等的尊重，并在充实和富有成效的生活中拥有合法的地位。

第二章 沟通分析

社会交往的计量单位称为"沟通"。如果两个或更多的人在社交聚会上相遇，他们中的一个迟早会说话，或者给出一些其他的表示以承认其他人的存在。这被称为沟通刺激。然后，另一个人会说或做一些在某种程度上与这种刺激有关的事情，这被称为沟通回应。简单的沟通分析关注点在于诊断哪个自我状态实现了沟通刺激，哪个自我状态执行了沟通回应。最简单的沟通是那些刺激和回应都来自有关各方的**成人**的沟通。发起者从面前的数据估计，手术刀现在是他首选的工具，他伸出了手。回应者正确地评估了这个手势，估计了所涉及的力量和距离，并将手术刀的手柄准确地放置在外科医生预期的位置上。其次是**儿童 – 父母**沟通。发烧的孩子要一杯水，悉心照顾的母亲把水拿来了。

这两种沟通都是互补的，也就是说，回应是适当且符合预期的，并遵循健康人际关系的自然顺序。第一个被分类为互补沟通类型 I，如图 2a 所示。第二种是互补沟通类型 II，如图 2b 所示。然而，很明显，沟通往往是连锁进行的，因此每一次回应都是一种刺激。沟通的第一条规则是，只要沟通是互补的，沟通就会顺利进行；其推论是，只要沟通是互补的，沟通原则上可以无限期地进行下去。这些规则与沟通的性质和内容无关；它们完全基于所涉及的向量的方向。只要沟通是互补的，两个人是在家长里短（**父母－父母**）、解决问题（**成人－成人**）还是在一起玩耍（**儿童－儿童**或**父母－儿童**），都遵循这一规则。

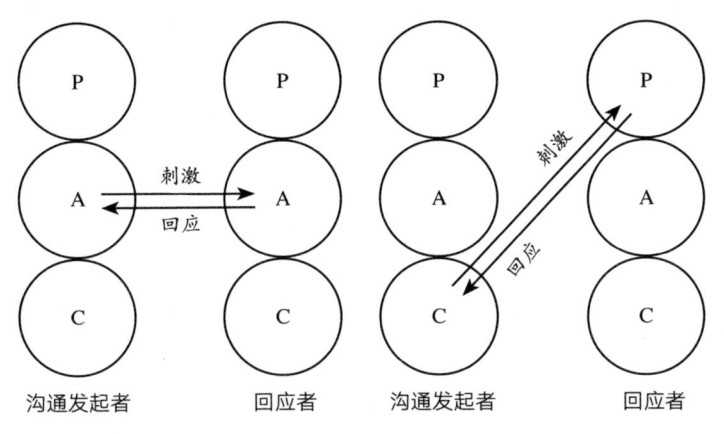

注：P="父母自我" A="成人自我" C="儿童自我"（后同）
a 类型 I   b 类型 II
图 2　互补沟通

相反的规则是，当发生交叉沟通时，沟通将中断。最常见的交叉沟通，也是导致世界上大多数社交困难（无论是在婚姻、爱情、友谊还是工作中）的沟通，在图 3a 中被表示为交叉沟通类型 I。这种类型的沟通是心理医生主要关注的问题，以精神分析的经典移情反应为典型。刺激是**成人－成人**，比如，"也许我们应该找出你最近为什么喝更多酒"或者"你知道我的袖扣在哪里吗"。**成人**在每一种情况下的适当回应都应该是"也许我们应该这样做。我当然想知道"或者"在桌子上"。然而，如果回应者怒发冲冠，所做的回应将是"你总是批评我，就像我父亲那样"或者"你总

017

是把一切都怪在我头上"。这两个都是儿童－父母回应，如沟通示意图所示，向量是交叉的。在这种情况下，成人关于饮酒或袖扣的问题必须暂停，直到向量可以重新平齐。在饮酒的例子中可能需要几个月的时间；在袖扣的例子中，只需要几秒钟。发起者必须成为父母，作为回应者突然激活的儿童的互补，或者回应者的成人必须重新激活，作为发起者的成人的互补。如果女佣在讨论洗碗时反抗，成人－成人关于盘子的对话就结束了；接下来只能是儿童－父母的对话，或者是关于另一个成人话题的讨论，即是否继续雇用她。

交叉沟通类型 I 的相反情况如图 3b 所示。这是心理医生熟悉的反移情反应，在这种反应中，病人进行客观的成人观察，治疗师跨越向量，像父母与孩子交谈一样做出回应。这是第二类交叉沟通。在日常生活中，"你知道我的袖扣在哪里吗"也许会引发"你为什么不管好自己的东西呢？你不再是个孩子了"。

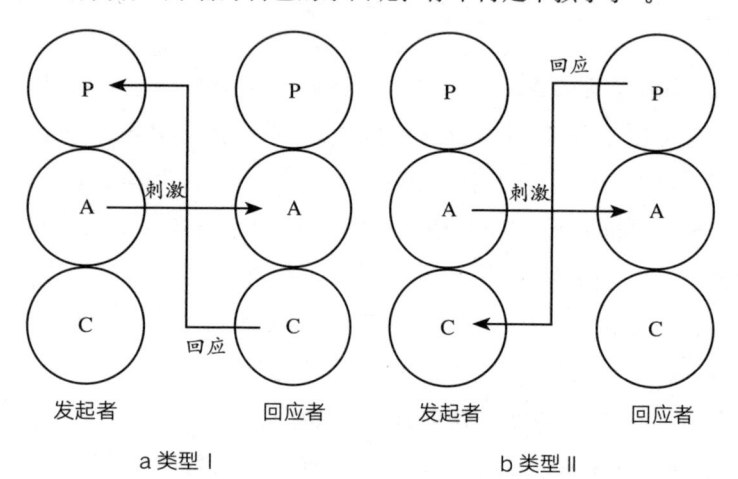

图 3　交叉沟通
a 类型 I　　　b 类型 II

图4中的关系示意图显示了发起者和回应者之间的九种可能的社交行动向量,具有一些有趣的几何(拓扑)特征。"心理对等者"之间的互补沟通由(1-1)^2、(5-5)^{2}和(9-9)^{2}表示。还有另外三种互补沟通:(2-4)(4-2)、(3-7)(7-3)和(6-8)(8-6)。所有其他组合都形成交叉沟通,在大多数情况下,这些沟通在示意图中呈现出交叉:例如,(3-7)(3-7),这导致两个无言以对的人互相怒视。如果他们都不让步,沟通就结束了,他们必须分开。最常见的解决方案是让一个人屈服并采取(7-3),这会导致一个被称为"大吵一架"(Uproar)的游戏;或者更好的办法是(5-5)^2,在这种情况下,他们都会放声大笑或握手。

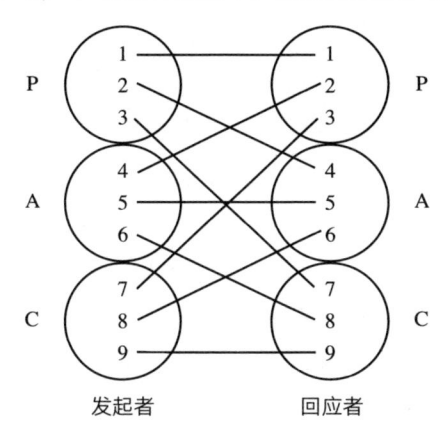

图4 人际关系示意图

简单的互补沟通通常发生在肤浅的工作和社交关系中,这些沟通很容易被简单的交叉沟通扰乱。事实上,表面上的关系可以被定义为仅限于简单的互补沟通。这种关系发生在活动、仪式和消遣中。更复杂的是隐秘沟通——那些同时涉及两个以上自我状态的活动——而这一类别是游戏的基础。推销员尤其擅长角式沟通，即涉及三种自我状态的沟通。下面是一个简单但戏剧性的销售游戏例子：

售货员："这件更好，但你买不起。"
家庭主妇："我要买这件。"

对该沟通的分析如示意图 5a 所示。作为**成人**，推销员陈述了两个客观事实："这件更好"和"你买不起"。在表面上，或社交层面上，这些信息是针对家庭主妇的**成人**的，她们的**成人**的回答是："你在两方面都是正确的。"然而，隐秘的，或心理上的向量，是由训练有素和经验丰富的**成人**推销员指向家庭主妇的**儿童**。儿童的回答证明了他的判断是正确的，实际上是这样说的："无论经济后果如何，我会让那个傲慢的家伙看到我和他的任何客户一样好。"在这两个层面上，沟通都是互补的，因为她的回应在表面价值上被接受为一个**成人**购买合同。

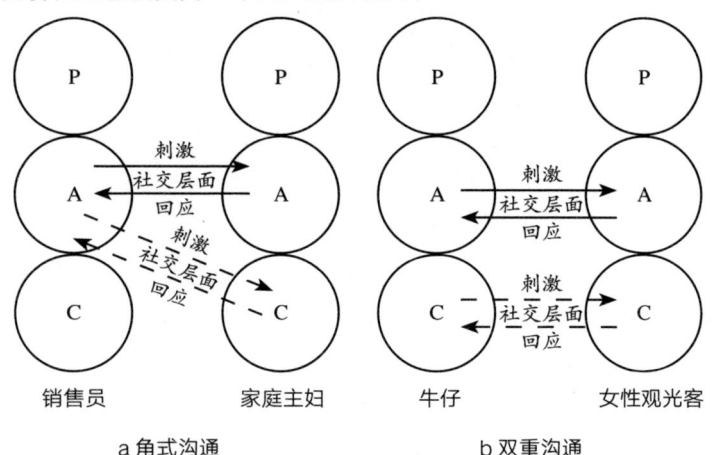

a 角式沟通　　　　　　b 双重沟通

图 5　隐秘沟通

双重隐秘沟通涉及四种自我状态，在调情游戏中很常见。

牛仔："来看看谷仓。"
参观者："我从小就喜欢谷仓。"

如示意图 5b 所示，在社交层面上，这是一场关于谷仓的**成人**对话，而在心理层面上，这是一场关于性游戏的**儿童**对话。从表面上看，**成人**似乎掌握了主动权，但就像在大多数游戏中一样，结果是由儿童决定的，参观者将会有一个惊喜。

那么，沟通可以被分类为互补或交叉、简单或隐秘，而隐秘沟通可细分为角式沟通和双重沟通。

第三章　程序与仪式

沟通通常是按顺序进行的。这些序列不是随机的，而是被编排的。编排可能来自三个来源之一——**父母**、**成人**或**儿童**，或者更广泛地说，来自社会、材料或个人特质。由于适应的需要，要求儿童在每一种社交情境被测试之前由**父母**或**成人**保护，儿童编排最容易发生在已经进行初步测试的隐私和亲密的情境下。

最简单的社交活动是程序和仪式。其中一些是普遍存在的，一些是本地化的，但所有这些都必须学习。程序是一系列简单的**成人**互补沟通，旨在操纵现实。现实被定义为两方面：静态的和动态的。静态现实包括宇宙中物质的所有可能的排列。例如，算术由关于静态现实的陈述组成。动态现实可以被定义为宇宙中所有能量系统相互作用的潜力。例如，化学由关于动态现实的陈述组成。程序基于对现实材料的数据处理和概率估计，并在专业技术方面达到了最高水平。驾驶飞机和切除阑尾都是程序。心理治疗是一个程序，只要它是在治疗师的**成人**控制之下的，而一旦他的父母或儿童接管了，就不再是一个程序。程序的编排是由材料决定的，基于发起者的**成人**所做的评估。

在对程序进行评估时，使用了两个变量。当发起者尽可能地利用他所获得的数据和经验时，程序就被认为是有效的，而不考虑他的知识中可能存在的任何缺陷。如果父母或儿童干扰成人的数据处理，程序就会受到污染，效率也会降低。一个程序的有效性是由实际结果来判断的。因此，效率是一种心理标准，有效性是一种物质标准。热带岛屿上的一名当地助理医务人员在摘除白内障方面非常熟练。他以非常高的效率使用了他所拥有的知识，但由于他知道的比欧洲医务人员少，所以他的有效性不是很高。然而这位欧洲人开始大量饮酒，导致他的效率降低，起初他的有效性并没有减弱。但随着岁月的流逝，他的双手开始颤抖，他的助手不仅在效率上开始超过他，而且在有效性上也开始超过他。从这个例子可以看出，这两个变量都最好由所涉及程序的专家进行评估——通过对发起者的个人了解来评估效率，通过调查实际结果来评估有效性。

从目前来看，仪式是由外部社会力量所编排的一系列简单的模式化互补沟通。非正式的仪式，如社交告别，在细节上可能会有很大的地方差异，尽管基本形式保持不变。正式的仪式，如罗马天主教弥撒，提供的选择要少得多。仪式的形式是由**父母**的传统决定的，但在更琐碎的例子中，较为近期的"父母"影响可能会产生类似但不太稳定的效果。一些具有特殊历史或人类学意义的正式仪式有两个阶段：（1）在严格的**父母**限制下进行沟通的阶段；（2）**父母**许可阶段，在这一阶段，**儿童**或多或少被允许完全的沟通自由，从而导致狂欢。

许多正式仪式一开始是受到严重污染但相当有效的程序。然而，随着时间的推移和环境的变化，它们失去了所有程序上的有效性，只保留了表达信仰的作用。在沟通上，它们代表着对传统父母所要求的缓解内疚或寻求回报的顺从。它们提供了一种安全的、令人放心的（辟邪的）时间结构方法，并且往往是令人愉快的。

作为游戏分析的入门，更重要的是非正式的仪式，其中最有教育意义的是美国的问候仪式。

1A："嘿！"（你好，早上好。）
1B："嘿！"（你好，早上好。）
2A："今天的天气还算暖和，是吧？"（你好吗？）
2B："当然。不过，看起来要下雨。"（挺好的，你呢？）
3A："好吧，照顾好自己。"（挺好的。）
3B："回头见。"
4A："再见。"
4B："再见。"

很明显，这一交流并不旨在传达信息。

事实上，如果有任何信息，也很明智地没有讲出来。A先生可能需要15分钟才能说清楚他的情况，而B先生只是最普通的熟人，他并不打算花那么多时间听他说话。这一系列沟通的特征相当显著，可以称之为"八次安抚仪式"。如果A和B赶时间，他们可能都会满足于两次安抚的交流——"嘿""嘿"。如果他们是老式的东方君主，他们可能会经历两百次安抚仪式，然后才能安顿下来谈正事。与此同时，在沟通分析的行话中，A和B略微改善了对方的健康状况；至少目前，他们的脊髓不会萎缩，因此双方都心存感激。

这一仪式是基于双方仔细的直觉计算。在他们相识的这个阶段,他们计算出每次见面他们正好欠对方四次安抚,而且不会比一天一次更频繁。如果他们很快再碰面,比如说,在接下来的半小时内,没有新的事情要沟通,他们就会从旁经过,或者只是点头示意,或者最多是一个非常敷衍的"嘿"。这些计算不仅适用于短时间间隔,而且适用于几个月的时间段。现在让我们来看看C先生和D先生,他们大约每天在路上相遇一次,交换一下安抚——"嘿""嘿"——然后就走了。C先生去度假一个月。回来后的第二天,他像往常一样遇到了D先生。如果在这种情况下,D先生只是说一声"嘿!",那C先生会被冒犯到,"他的脊髓会轻微萎缩"。根据他的计算,D先生和他彼此欠了大约30次安抚。如果这些沟通足够重要,这些安抚可以被压缩为几个沟通。D先生的这一边恰如其分地运行着类似这样的东西(其中每个"强度"或"兴趣"单位相当于一个安抚):

1D:"嘿!"(1个单位)

2D:"最近一直没见到你。"(2个单位)

3D:"哦,原来如此!你去哪儿了?"(5个单位)

4D:"哈,那真有趣。感觉怎么样?"(7个单位)

5D:"嗯,你看起来气色不错。"(4个单位)"你的家人也去了吗?"(4个单位)

6D:"嗯,很高兴看到你回来。"(4个单位)

7D:"再见。"(1个单位)

这使得D先生总共有28个单位。他和C先生都知道他会在第二天补上剩下的单位,因此,就实际效果而言,现在账目是结清了的。两天后,他们将回到他们的两次安抚交流——"嘿""嘿"。但现在他们"更了解对方",也就是说,他们都知道对方是可靠的,如果他们万一在"社交场合"相遇,这可能会很有用。

相反的情况也值得考虑,E先生和F先生设立了两次安抚的仪式——"嘿""嘿"。有一天,E先生没有走开,而是停下来问道:"你好吗?"对话如下:

1E:"嘿!"

1F:"嘿!"

2E:"你好吗?"

2F:(困惑地):"我很好,你呢?"

3E:"我一切都好。今天天气挺暖和的吧?"

3F:"是啊。(谨慎地)不过看起来像要下雨了。"

4E:"再见到你很高兴。"

4F:"我也是。不好意思,我得在图书馆关门前赶过去。再见。"

5E:"再见。"

当F先生匆忙离开时,他心想:"他突然发生了什么事?难道他是在卖保险什么的吗?"在沟通分析术语中,是这样解读的:"他欠我的只是一次安抚,为什么他要给我五次?"

更简单地展示这些简单仪式真正的沟通性和商业性的是G先生打招呼,而H先生走开了,没有回应。G先生的反应是:"他怎么了?"意思是:"我给了他一次安抚,他没有还我一次。"如果H先生继续这样做,并将其推广到其他熟人,他将会在小区里引起一些议论。

在不明确的情况下，有时很难区分程序和仪式。外行人倾向于将专业程序称为仪式，而实际上每一次沟通都可能基于健全的，甚至是重要的经验，但外行没有理解这一点的背景。相反，专业人士倾向于将仍然坚持其程序的仪式性因素合理化，并以他们没有能力理解这一理由而不去理会持怀疑态度的门外汉。而身居要职的专业人士抵制引入健全的新程序的方式之一，就是把它们当作仪式一样一笑置之。这就是塞梅尔韦斯（Semmelweis）和其他创新者的命运。

程序和仪式的本质及相似之处在于它们都是陈腐的。一旦启动了第一次沟通，除非出现特殊情况，整个系列的沟通都是可以预测的，并遵循预定的过程，直到预定的结果出现。它们之间的区别在于预先决定的起源：程序是由**成人**编排的，仪式是**父母**设计的。

不习惯或不熟悉仪式的人，有时会通过替代性的程序来逃避这些仪式。例如，那些喜欢在聚会上帮女主人准备或者分发食物和饮料的人。

第四章　消遣

　　消遣出现在复杂程度不同的社交和时间矩阵中，因此其复杂程度各不相同。然而，如果将沟通作为社交的单位，我们就可以从适当的情境中剖析出一个实体，它可以被称为简单的消遣。这可以被定义为，围绕一个单一的材料领域安排的一系列半仪式性的、简单的、互补的沟通，其主要目的是结构化一个时间间隔。间隔的开始和结束通常通过程序或仪式来表示。沟通被自适应地编排，以便各方在间隔期间获得最大收获。他的适应能力越强，就越能从中受益。

　　消遣通常是在聚会上进行的，或者在正式小组会议开始前的等待期内进行；这种在会议开始前的等待期和"聚会"具有相同的结构和动力。消遣可能采取"闲聊"的形式，也可能像辩论一样更加严肃。一个大型的鸡尾酒会就是一个展示消遣的画廊。在房间的一个角落里，有几个人在玩"家长会"（PTA）；而另一角在玩"精神病学"（Psychiatry）论坛；第三个角落上演的是"曾经去过"（Ever Been）或"后来"（What Became）的好戏；在第四个角落，人们正在讨论"通用汽车"（General Motors）；自助餐区则是为喜欢谈论"厨房"（Kitchen）或"衣柜"（Wardrobe）的女士预留的。在同一个地区，十几个类似的聚会在同时进行，这种聚会的程序可能完全相同，只是名称时有变化。在另外十几个来自不同社会阶层的聚会上，各式各样的消遣正在进行。

消遣可以用不同的方式来分类。外部决定因素是社会学的（性别、年龄、婚姻状况、文化、种族或经济）。"通用汽车"（General Motors）（谈论和比较汽车）和"谁赢了"（Who Won）（体育运动）都是"男人的话题"（Man Talk）。"日用百货""厨房"和"衣柜"都是"女人的话题"（Lady Talk）——这在南太平洋地区被称为"玛丽话题"（Mary Talk）。"亲热"（Making Out）是青少年的话题，而当话题转向"财务状况表"（Balance Sheet）时，就意味着人开始步入中年。这种社会学分类还包括各种"闲聊"："怎么处理某件事"（How To），很容易打发短程飞行旅途中的时间；"多少钱"（How Much），是中下阶层酒吧里的人最喜欢的话题；"曾经去过"（Ever Been）（某些让人怀念的地方）是像销售员这样的中产阶层的"老手们"喜欢的话题；孤独的人喜欢聊"你知道吗"（Do You Know）（某某人或某某事）；经济上成功或失败的人都喜欢聊（老好人乔伊）"后来怎么样了"（What Became）；"宿醉"（Morning After）和"马提尼"（Martini）（我知道一个更好的方法）是某些雄心勃勃的年轻人的经典话题。

结构－沟通分类是一个更个人化的分类。因此，"家长会"可以在三个层面上玩。在儿童－儿童层面上，它的形式是"你如何跟顽固的父母相处"；它的**成人－成人**形式，"家长会"本身，在受过良好教育的年轻母亲中很受欢迎；对于年龄较大的人，它倾向于采取教条的**父母－父母**形式的"青少年犯罪"（Juvenile Delinquency）。一些已婚夫妇玩"告诉他们亲爱的"（Tell Them

Dear),在游戏中,妻子是父母,丈夫则表现得像个早熟的儿童。同样,"看,妈妈,我没有用手哦"① (Look Ma No Hands) 也是一种儿童-父母消遣,适合任何年龄段的人,有时还会羞涩地改编成"哦伙计们,哪有这回事"(Aw Shucks Fellows)。

更有说服力的是对消遣的心理学分类。例如,"家长会"和"精神病学"都可以用投射或内摄的形式来上演。投射型"家长会"的分析如图 6a 所示。

沟通发起者　　回应者　　　　沟通发起者　　回应者

a 投射型"家长会":　　　　b 内摄型"精神病学":
 "青少年犯罪"　　　　　　　 "精神分析"

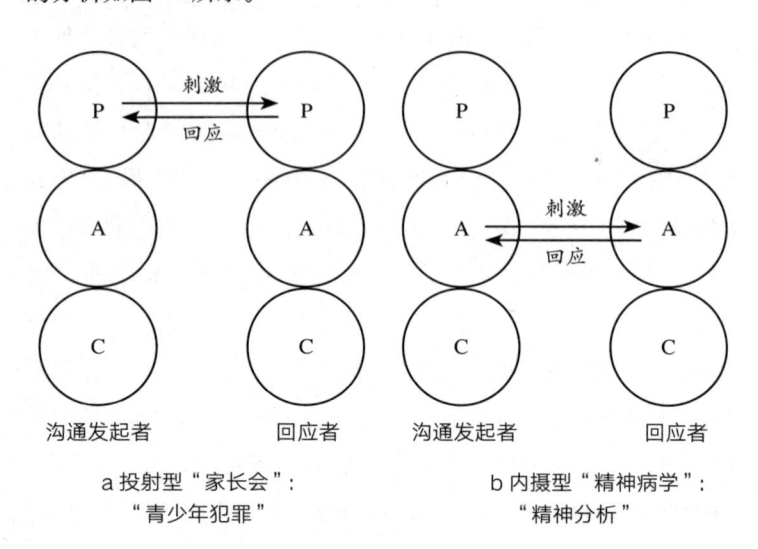

图 6　消遣

A:"如果没有破碎的家庭,所有的犯罪都不会发生。"

B:"不仅如此。就算在完好的家庭,现在的大人也没有像过去那样,教育孩子懂规矩。"

---

① 这个设想的情景可能是,孩子骑自行车,然后把手松开,让妈妈看他有多厉害。

内摄型"家长会",按照下面的台词发展(成人-成人):

C:"我好像没有做妈妈的能力。"
D:"不管你多努力,孩子永远不会像你希望的那样长大,所以你不得不总是想自己做得对不对,自己是不是犯了什么错。"

投射型"精神病学",采取的是成人-成人形式:

E:"我认为是某些无意识的口欲期挫折导致了他那样的表现。"
F:"你好像将自己的攻击性很好地升华了。"

图 6b 代表着内摄型"精神病学",另外一种成人-成人消遣。

G:"对我来说,那幅画象征着诋毁。"
H:"对我而言,画画是为了讨好我的父亲。"

除了安排时间和为有关各方提供双方都能接受的安抚之外,消遣还具有社会选择的额外功能。当一种消遣正在进行时,每个玩家身上的儿童都在密切地评估其他参与者的潜力。在聚会结束时,每个人都会选择一些他希望以后多见面的玩家,而另一些玩家无论他们在消遣时有多熟练或愉快都会被他抛弃。他选择的是那些看起来最有可能成为更复杂关系——游戏——的候选者。这种分类系统,无论其合理性如何,实际在很大程度上是无意识和基于直觉的。

在特殊情况下，**成人**在选择过程中优先于**儿童**。这一点最清楚地体现在一位小心地学习玩社交消遣的保险推销员身上。在他玩的时候，他的**成人**会聆听可能的潜在客户，并从玩家中挑选出他希望以后多见面的人。他们对游戏的熟练程度或亲和力与他的选择过程完全无关，就像大多数情况一样，这是基于外围因素——在这个例子中，是对方资金的充足情况。

然而，消遣有一个非常具体的方面，即排他性。例如，"男人话题"和"女人话题"不能混用。一心想玩"曾经去过"（那里）的人会被入侵者惹恼，后者想玩（牛油果）"多少钱"或"宿醉"。玩投射型"家长会"的人会对内摄型"家长会"的侵入感到不满，尽管通常不会像玩内摄型被投射型"家长会"侵入时那样强烈。

消遣是选择熟人的基础，可能会带来友谊。每天早上，一群女人顺道拜访彼此家，喝杯咖啡，一起玩"失职的丈夫"（Delinquent Husband），很可能会对想要玩"只煎一面的鸡蛋"（Sunny Side Up）的新邻居态度冷淡。如果她们说她们的丈夫有多刻薄，那么如果一个新来的人说她的丈夫很了不起，事实上是完美的，她们不会让她长久留下来，因为这太令人不安了。因此，在鸡尾酒会上，如果有人想要从一个角落转移到另一个角落，他要么加入新地点的消遣中，要么成功地将整个过程切换到一个新的频道。当然，一位好的女主人会立即采取行动，并给出说明："我们只是在玩投射型的'家长会'。你觉得呢？"或者："好了，你们这些女孩玩"衣橱"已经够久了，J先生是一位作家/政治家/外科医生，我肯定他会喜欢玩'看，妈妈，我没有用手哦'。不是吗，J先生？"

从消遣中获得的另一个重要优势是角色的确认和立场（position）的稳定。角色有点儿像荣格说的人格面具，只是它不那么投机取巧，而是更深植于个人的幻想中。因此，在投射型"家长会"中，一个玩家可能扮演严厉**父母**的角色，另一个扮演正义**父母**的角色，第三个扮演纵容的**父母**的角色，第四个扮演乐于助人的**父母**的角色。这四个人都感受到并表现出一种**父母**自我状态，但每个人都呈现出不同的自我。如果它得以流行，那么每一个人的角色都会得到确认——如果它没有遇到任何对抗，或者它因为遇到的对抗而得到强化，或者用安抚得到了某些类型的人的认可，它的作用就会得到确认。

对其角色的确认稳定了个体的立场，这就是从消遣中获得的生存优势。立场是一种简单的预言性陈述，它影响着个人的所有沟通；从长远来看，它决定了他的命运，通常也决定了他的后代的命运。一个立场可能或多或少是绝对的。投射型"家长会"的典型立场是："所有的孩子都是坏的！""其他所有的孩子都是坏孩子！""所有的孩子都很难过！""所有的孩子都受到了迫害！"这些立场可能会分别产生强硬、正义、纵容和乐于助人的**父母**。事实上，一种立场主要表现为它所产生的心态，而个人正是以这种心态来进行沟通的，这种沟通又设立了他的角色。

从生命的第二年，甚至从第一年开始，到第七年，立场被占据和固定的时间出人意料地早——远在个人有足够的能力或经验做出如此严肃的承诺之前。从一个人的立场来推断他一定有什么样的童年并不难。除非有某事或某人干涉，否则他会把余生都花在稳固自己的立场以及应对威胁立场的情境上——回避、抵抗某些元素或者有策略地操纵它们，使其从威胁转化为支持。消遣如此刻板的一个原因是它们服务于如此刻板的目的。但它们提供的获益表明，为什么人们如此热衷于玩它们，以及为什么可以与拥有建设性或仁慈立场的人一起玩得如此愉快。

消遣和活动并非总是能够轻易区分，而且经常会出现组合。许多常见的消遣，比如"通用汽车"，都包括心理学家所说的"多项选择——完形填空"式的交流。

A："比起福特/雪佛兰/普利茅斯，我更喜欢福特/雪佛兰/普利茅斯，因为……"

B："哦，好吧。比起福特/雪佛兰/普利茅斯，我更想拥有一辆福特/雪佛兰/普利茅斯，因为……"

显然，这种刻板的消遣还是传递了一些有用的信息。

还可以提到其他一些常见的消遣。"我也是"（Me Too）通常是"这难道不糟糕吗"（Ain't It Awful）的变体。"她们为什么不做点儿什么呢"（Why Don't They）是那些不想被解放的家庭主妇的最爱。"然后我们会"（Then We'll）是一种儿童 – 儿童消遣。"让我们找点儿事情干干"（Let's Find）是少年犯或调皮的成年人玩的游戏。

第五章 游戏

一、定义

游戏是一系列持续进行的互补性的隐秘沟通，不断向明确定义的、可预测的结果发展。从描述上讲，它是一系列反复出现的，通常是重复的沟通，貌似有理，但是有隐藏的动机；或者，更通俗地说，是一系列带有陷阱或"暗机关"的伎俩。游戏明显不同于程序、仪式和消遣，它有两个主要特征：(1) 隐秘；(2) 回报。程序可能是成功的，仪式是有效的，消遣是有利可图的，但根据定义，所有这些都是坦率的；它们可能涉及竞争，但没有冲突；回报可能是耸人听闻的，但不是戏剧性的。另一方面，每一个游戏基本上都是不诚实的；回报具有戏剧性，与仅仅令人兴奋截然不同。

还有一种社交行为目前尚未讨论，我们需要将它和游戏做一个区分。行动（operation）是为特定的、规定的目的而进行的一项或一组简单的沟通。如果有人坦率地要求得到保证，那就是行动。如果有人要求得到保证，并且在得到保证后以某种方式对给予者不利，那就是游戏。从表面上看，游戏看起来像是一系列的行动,但在获得回报后,很明显,这些"行动"实际上是策略;不是诚实的请求,而是游戏中的招数。

例如,在"保险游戏"(insurance game)中,无论经纪人在谈话中看起来在做什么,如果他是一个努力的玩家,他实际上是在寻找一个潜在客户或正在为一个潜在客户工作。如果他有能力的话,他所追求的就是"大赚一笔"(make a killing)。"房地产游戏"(the real estate game)、"睡衣游戏"(the pajama game)和类似的职业也是如此。因此,在一次社交聚会上,当一名推销员从事消遣时,尤其是在各种不同的"资产负债表"中,他的亲切参与可能掩盖了一系列巧妙的策略,这些策略旨在获取他所感兴趣的专业信息。有几十种商业期刊致力于改进商业策略,报道优秀的玩家和游戏(做了一笔不同寻常的大生意的有意思的经营者)。从沟通上讲,这些只是《体育画报》《国际象棋世界》和其他体育杂志的变体。

就角式沟通而言——在**成人**的控制下,极其专业地计划以产生最大获益的游戏——20 世纪初盛行的大型"诈骗游戏"(con games)在详细的实际规划和心理技巧方面是难以超越的[1]。

不过,我们在这里要关注的是,不知情的个体在无意识的情况下玩的游戏。他们参与了双重沟通,却没有充分觉察。这些游戏构成了世界各地社会生活中最重要的方面。由于游戏的动态性质,很容易将其与纯粹的静态态度区分开来。静态态度是由于采取某种立场而产生的。

"游戏"一词的使用不应具有误导性。正如在引言中解释的那样,它不一定意味着乐趣甚至享受。正如亚瑟·米勒(Arthur Miller)在他的戏剧《推销员之死》(*The Death of a Salesman*)中所说的那样，许多推销员并不认为他们的工作很有趣，而且可能不乏严肃的一面。如今的足球游戏非常受重视，但并不比"酗酒者"(Alcoholic)或"第三级挑逗"(Third-Degree Rapo)这样的沟通型游戏更受重视。

同样的道理也适用于"玩"这个词，任何一个长期"玩"硬扑克或"玩"股市的人都能证明这一点。人类学家深知游戏和比赛可以有多严肃，以及可能产生的严重后果。司汤达在《巴马修道院》(The Charterhouse of Parma)中所描述的最复杂的游戏——"弄臣"(Courtier)，是极其严肃的。当然，最可怕的游戏是"战争"。

二、一个典型的游戏

夫妻之间玩的最常见的游戏被俗称为"要不是你"(If It Weren't For You)，这将被用来说明游戏的总体特征。

怀特夫人抱怨说，她的丈夫严格限制她的社交活动，以至于她从来没有学过跳舞。由于精神科治疗带来的态度变化，丈夫变得不那么自以为是，对怀特夫人也变得更加宽容。然后，怀特夫人可以自由地扩大她的活动范围。她报名参加了舞蹈课，但令她绝望的是，她发现自己对舞池有一种病态的恐惧，不得不放弃。

这一不幸的经历，以及类似的经历，暴露了她婚姻结构的一些重要方面。在众多追求者中，她选择了一个专横的男人成为丈夫。当时她可以抱怨说，"要不是你"，她可以做各种各样的事情。她的许多女性朋友也有专横的丈夫，当她们一起喝晨间咖啡时，她们花了很多时间玩"要不是你"。

然而，与她的抱怨恰好相反，她的丈夫实际上是在为她服务——禁止她做那些其实令她深感恐惧的事情，甚至防止她意识到自己的恐惧。这是她的儿童精明地选择了这样一个丈夫的原因之一。

但还有更多的原因。他的禁止和她的抱怨经常引发争吵，以至于他们的性生活受到了严重损害。由于他的内疚感，他经常给她带礼物，否则这些礼物可能是不会送的；当然，当他给了她更多的自由时，他的礼物就不那么慷慨和频繁了。除了家务和孩子之外，她和丈夫几乎没有共同点，所以他们之间的争吵成了重要事件；主要是在这些场合，他们的交谈才没有那么随意。无论如何，她的婚姻生活向她证明了她一直坚持的一件事：所有的男人都是好斗和专横的。事实证明，这种态度与早年困扰她的一些被性虐待的白日梦有关。

有各种各样的方式来概括地描述这个游戏。显然，它属于社会动力学这一大领域。基本的事实是，通过结婚，怀特夫妇有机会相互交流，这种机会可能被称为社交接触。他们利用这个机会使他们的家庭成为一种社交集合体，这与纽约地铁形成了鲜明对比。例如，在纽约地铁列车上，人们处于空间接触中，但很少利用这个机会，因此形成了一种非社交集合体。怀特夫妇对彼此的行为和反应所施加的影响构成了社会行为。不同的学科将从不同的角度研究这种社会行为。因为我们在这里关注的是个人的成长史和心理动力学，所以目前的方法属于社会精神病学的一方面；我们也会对所研究的游戏的"健康性"有一些潜在的判断。这与社会学和社会心理学更中立、更少卷入的态度略有不同。精神病学保留说"等一下"的权利，而其他学科则没有。沟通分析是社会精神病学的一个分支，而游戏分析是沟通分析的一个特殊方面。

实务中的游戏分析处理的是在特定情况下出现的特殊情况。理论游戏分析试图抽象和概括各种游戏的特征，以便它们能够独立于其瞬时的言语内容和文化母体而被识别出来。例如，对"婚姻类型"的游戏"要不是你"的理论分析，应该说明这个游戏的特点，无论它是关于婚礼派对还是给孙子孙女买鱼竿的财务问题，是在新几内亚的丛林村庄里还是在曼哈顿的顶层公寓，都很容易被识别出来；而且无论这些招数多么直白或微妙，都要根据夫妻之间所允许的坦率程度而定。这个游戏在特定社会中的流行程度是社会学和人类学的问题。作为社会精神病学的一部分，游戏分析只对实际发生的游戏案例感兴趣，而不考虑其发生的频率。打一个不太确切的比方，它类似于公共卫生和内科医学之间的区别；无论是在丛林中还是在曼哈顿，前者对疟疾的流行率感兴趣，后者研究疟疾病例出现时的情况。

目前，下面给出的体系已经被发现是理论游戏分析中最有用的方案。毫无疑问，随着更多知识的积累，它将得到改进。第一个必要条件是认识到特定的招数顺序符合游戏的标准。然后收集尽可能多的游戏样本。接着，提取这些例子中共同的显著特点。这样，游戏的一些本质特征就会浮现出来。再将它们归类到标题下，这些标题被设计成在当前的知识状态下尽可能有意义和有启发性。分析是从"捉人者"的角度进行的——在这个例子中，"捉人者"指的是怀特夫人。

做局。这是对游戏的一般描述，包括事件的直接顺序（社会层面）和关于它们的心理背景、演变和意义的信息（心理层面）。

在婚姻类型的"要不是你"的例子中，已经给出的细节将起作用。

破局。假设一个特定的顺序构成一个游戏，这是暂时性的，直到它被确切地证实。这种确认是通过拒绝参加游戏或根除回报来进行的。然后"捉人者"将做出更激烈的努力，以继续游戏。面对顽固的拒绝游戏或根除回报，他将陷入一种被称为"绝望"的状态，这种状态在某些方面类似于抑郁症，但实质上存在很大的不同。它更加剧烈，包含着沮丧和困惑的因素。例如，它可能表现为莫名其妙的哭泣。在一个成功的治疗情境下，这可能很快会被幽默的笑声取代，这意味着**成人**会意识到："我老毛病又犯了！"因此，绝望是**成人**关心的问题，而在抑郁症中，**儿童**拥有掌控力。对周围环境充满希望、热情或浓厚的兴趣是抑郁症的反面，大笑是绝望的反面。因此，治疗性游戏分析具有令人愉悦的品质。与"要不是你"相反的是放任。只要丈夫禁止，游戏就可以继续进行。不说"别想"，他反而说"来呀"，潜在的恐惧症被揭穿了，妻子不能再斥责他，就像怀特夫人的案例所证明的那样。

为了清楚地理解游戏，应该知道破局，并在实践中证明其有效性。

目的。这简单地说明了游戏的一般目的。有时，还有其他选择。"要不是你"的目的可能是安慰（"不是我害怕，而是他不让我去做"）或辩护（"不是我不努力，而是他拖我后腿"）。安慰功能更容易澄清，也更符合妻子的安全需要。因此，"要不是你"最简单地被认为具有安慰的目的。

角色。如前所述，自我状态不是角色，而是现象。因此，必须在正式描述中区分自我状态和角色。根据提供的角色数量，游戏可以被描述为双人游戏、三人游戏、多人游戏等。有时每个玩家的自我状态与他的角色相对应，有时则不是。

"要不是你"是一个双人游戏，需要一个受限制的妻子和一个专横的丈夫。妻子可以扮演一个谨慎的**成人**（"最好我照他说的做"）的角色，也可以扮演一个任性的儿童。专横的丈夫可能会保持一种**成人**的自我状态（"你最好照我说的做"），或者陷入一种**父母**的自我状态（"你必须照我说的做"）。

动力学。在陈述每一个游戏背后的心理动力时，还有其他的选择。然而，通常可以挑选出一个有用的、恰当的、有意义的心理动力学概念来概括这一情境。因此，"要不是你"最好描述为是源自恐惧。

例子。由于游戏的童年起源或其幼年原型的研究具有启发性，因此在进行正式描述时，寻找此类同族是值得的。碰巧的是，"要不是你"被小孩子和成年人玩得一样频繁，所以童年版和后者是一样的，只是用实际的父母代替了带来限制的丈夫。

沟通范例。对游戏的典型情境进行沟通分析，既包括对社交层面的分析，也包括对心理层面的分析，并揭示其隐蔽的沟通内容。在其最戏剧性的形式中，"要不是你"在社交层面上是一种**父母 – 儿童游戏**。

怀特先生："你待在家里，照看房子。"
怀特夫人："要不是你，我现在可以出去玩了。"

在心理层面（隐秘的婚姻契约），这种关系是**儿童 – 儿童**之间的关系，而且非常不同。

怀特先生："当我回家时，你必须一直在我身边。我害怕被遗弃。"

怀特夫人："如果你帮我避免恐惧症，我会的。"

这两个层次如图 7 所示。

招数。游戏的招数大致相当于仪式中的安抚。就像在任何游戏中一样，玩家们会随着练习变得越来越熟练。没用的招数被剔除，越来越多的目的被浓缩在每一个招数中。"美好的友谊"（Beautiful friendships）通常建立在这样一个事实上，即玩家以极大的经济和满足感相互补充，这样他们玩的游戏就能以最小的努力获得最大的收益。为了使沟通更为简练，某些过渡性、防范性

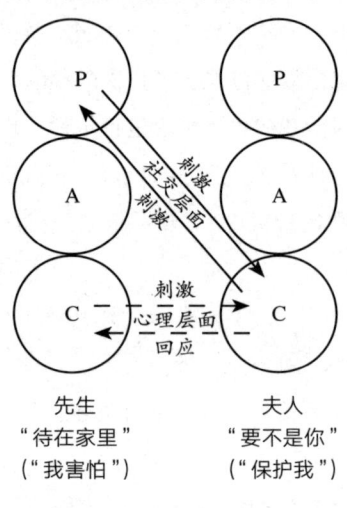

先生 　　　　　　夫人
"待在家里" 　　　"要不是你"
（"我害怕"） 　　（"保护我"）

"要不是你"
图 7　游戏一则

或退让性招数均可以省略。

节省在防御招数上的精力可以用于提升游戏的观赏性,这让双方都很高兴,有时也会让旁观者感到高兴。学生观察到,对游戏的进展来说,有一个最小的招数步骤,这些都可以在实施计划中加以规定。个别玩家会根据他们的需要、天赋或欲望来润色或增加这些基本招数。"要不是你"的框架如下。

(1) 指令－遵守("你待在家里"——"好吧")。
(2) 指令－抗议("你又待在家里了"——"要不是你")。

获益。游戏的总体获益在于它的稳定(平衡)功能。安抚促进生物体内平衡,立场的确认强化心理稳定。正如已经注意到的,安抚可以采取各种形式,因此游戏的生物获益可以用触觉来描述。因此,丈夫在"要不是你"中的角色让人想起反手扇耳光(实际上与拍掌完全不同,这是一种直接的羞辱),而妻子的反应有点儿像是任性地踢了一下小腿。因此,来自"要不是你"的生物获益来自好战性－急脾气的交流:这是一种令人痛苦但显然有效的维持神经组织健康的方式。

确认妻子的立场——"所有的男人都是暴君"——使存在主义获益。这一立场是对恐惧症所固有的屈从倾向的一种反应,展示了所有游戏背后的连贯结构。扩展后的说法是:"如果我独自一人走在人群中,我肯定无法抵抗屈从的诱惑;在家里我不会屈从;他强迫我,这证明所有的男人都是暴君。"因此,这个游戏通常是由感到空虚的女性玩儿的,这意味着她们很难在面对强烈诱惑的情况下让**成人**负责。对这些机制的详细阐述属于精神分析而不是游戏分析，游戏分析主要关注的是这种机制产生的结果。

游戏的内在心理获益是它对心理经济（力比多）的直接影响。在"要不是你"中，社会可以接受的对丈夫权威的顺从，使女人不用去感受神经症性的恐惧。同时，它满足了受虐需求，如果它们存在的话，使用受虐，不是在自我克制的意义上，而是在被剥夺、羞辱或痛苦的情况下会产生性兴奋的经典意义上。也就是说，被剥夺和被支配让她感到兴奋。

外在心理获益是通过玩游戏来避免令人恐惧的情境。这一点在"要不是你"中尤其明显，这是一个突出的动机：通过遵守丈夫的限制，妻子回避了她害怕的公共场合。

内部社交获益是由游戏的名称指定的，因为它是在个人的亲密圈子里玩的。通过她的顺从，妻子获得了说"要不是你"的特权。这有助于安排她必须与丈夫共度的时间；对怀特夫人而言，这种对安排的需求尤其强烈，因为他们缺乏其他共同兴趣，特别是在他们的后代到来之前和孩子长大之后。在此期间，这个游戏的强度和频率都降低了，因为孩子们履行了他们为父母安排时间的惯常功能，也提供了一个更被广泛接受的"要不是你"版本，即忙碌的家庭主妇的变体。美国的年轻母亲往往真的很忙，这一事实并没有改变对这种变体的分析。游戏分析只是试图不带偏见地回答这个问题：考虑到一个年轻女性很忙，她如何利用自己的忙碌来获得一些补偿？

外部社交获益是指利用外部社会交往中的情境。在游戏"要不是你"的例子中，这是妻子对丈夫说的话，但是当她和朋友们在喝晨间咖啡时，"要不是你"就会变成一种消遣。同样，游戏在选择社交伙伴方面的影响也被展示出来。新邻居被邀请去喝早餐咖啡，她正被邀请玩"要不是你"的游戏。如果她玩得很好，在其他条件不变的情况下，她很快就会成为老朋友们的知心朋友。如果她拒绝玩，坚持对丈夫采取宽容态度，她待不了多久。她的情况就像她在鸡尾酒会上一直拒绝喝酒一样——在大多数圈子里，她会逐渐被删除出嘉宾名单。

这就完成了对"要不是你"的形式特征的分析。为了进一步阐明这一程序，我们可以参考世界各地的社交聚会、委员会会议和心理治疗团体中最常见的游戏——"你为什么不——是啊，但是"的分析。

三、游戏的起源

从目前的观点来看，养育孩子可以被视为一个教育过程，在这个过程中，孩子被教会玩什么游戏以及如何玩游戏。他还学到了与他在当地社会环境中的立场相适应的程序、仪式和消遣，但这些都不那么重要。在其他条件相同的情况下，他对程序、仪式和消遣的知识和技能决定了他将获得什么机会；但他的游戏决定了他将如何利用这些机会，以及最终的结果。作为他脚本（script）或无意识生活计划中的元素，他最喜欢的游戏也决定了他的最终命运（同样是在其他条件相同的情况下）：他的婚姻和事业的回报，以及与他的死亡紧密相连的命运。

尽管尽职尽责的父母非常注重教授孩子适合他们生活立场的程序、仪式和消遣，并以同样的谨慎选择学校、大学等，在那里强化他们的学习，但他们往往忽视了游戏的问题，游戏构成了每个家庭情感动力的基本结构，孩子们从他们出生几个月起就从日常生活的重大经验中学习到了游戏。相关的问题已经以一种相当普遍的、不系统的方式讨论了数千年，在现代行为精神病学文献中也有一些更有条理的方法的尝试；但如果没有游戏的概念，就几乎不可能进行一致的研究。到目前为止，内在个体心理动力学理论还不能令人满意地解决人际关系问题。这些都是沟通情境，需要一种社会动力学理论，而不能仅仅从考虑个人动机这一点得出。

由于鲜有受过良好训练的儿童心理学和儿童精神病学专家也受过游戏分析方面的培训，因此对游戏起源的观察很少。幸运的是，下面的事件发生在一位受过良好教育的沟通分析师在场的情况下。

7岁的坦吉（Tanjy）在餐桌上肚子疼，因此请求离开。他的父母建议他躺一会儿。他3岁的弟弟迈克（Mike）说："我也肚子疼。"显然他也想获得同样的关心。父亲看了他几秒钟，然后回答说："你不想玩那个游戏，是吗？"于是迈克突然大笑起来，说："是的！"

假如这个家庭特别关注食物营养和肠胃疾病，迈克也会被他惊慌的父母打发到床上去。如果他和他们重复几次这样的表演，可以预料到这个游戏会成为迈克角色的一部分，如果父母合作的话，就会是这种情况。每当他嫉妒竞争对手被授予的特权时，他就会借口生病，以便自己也能获得一些特权。隐秘的沟通将包括：（社会层面）"我感觉不舒服"+（心理层面）"你也必须给我一个特权"。然而，迈克却从这种疑病症的生涯中解脱了出来。也许他最终会有更糟糕的命运，但这不是问题的关键。问题是，在萌芽状态的游戏因为父亲的问题和男孩坦率地承认他所提议的是一个游戏而被立马中断。

这足够清楚地表明，游戏是由年幼的儿童故意发起的。在它们成为刺激和回应的固定模式后，它们的起源消失在时间的迷雾中，它们的隐秘本质被社会的迷雾掩盖。两者只有通过适当的程序才能被意识到：起源是通过某种形式的分析治疗，而隐秘的方面则是通过破局。按照这些思路重复的临床经验清楚地表明，游戏本质上是模仿性的，它们最初是由儿童人格的**成人**（新心理）方面建立的。如果儿童自我状态可以在**成人**玩家身上复活，那么这一部分（儿童自我状态的**成人**方面）的心理能力是如此惊人，其操纵人的技能是如此令人羡慕，以至于它被俗称为（精神病学）"教授"。因此，在专注于游戏分析的心理治疗团体中，更复杂的程序之一是在每个病人身上寻找小"教授"，他们在 2 岁到 8 岁之间设置的游戏早期冒险迷住了在场的每个人，通常是带着快乐甚至欢乐的心情，除非游戏是悲剧性的，否则病人自己可能会带着正当的自我欣赏和沾沾自喜加入其中。一旦他能够做到这一点，他就很有可能放弃一种不幸的行为模式，而没有这种模式，他的生活会好得多。

这就是在对游戏的正式描述中，总是试图描述婴儿或儿童原型的原因。

四、游戏的功能

由于日常生活中拥有亲密关系的机会太少，而且某些形式的（特别是强烈的）亲密关系对大多数人来说在心理上是不可能的，严肃的社交生活中的大部分时间都花在玩游戏上，因此，游戏既是必要的，也是可取的。唯一的问题是，一个人玩的游戏是否为他提供了最大获益。在这一点上，应该记住，游戏的基本特征是它的顶峰，或回报。初步招数的主要功能是为这种回报创造条件，但它们总是被设计为在每一步都作为次要产品获得所允许的最大满足感。因此，在"笨手笨脚的人"（Schlemiel）（制造混乱，然后道歉）中，游戏的回报和目的就是通过道歉而迫使别人原谅自己；东西撒了和香烟烫伤只是通向这一点的招数，但每一次这样的侵犯都会产生快乐。从东西撒了里面获得的快乐并不会让撒东西变成一个游戏。道歉是导向结局的关键刺激。不然的话，东西撒了只会成为一个破坏性的招数，一个也许会令人愉快的不良行为。

"酗酒者"的游戏是相似的；无论需要饮酒的生理来源是什么，如果有的话，从游戏分析的角度来看，饮酒只是与环境中的人进行的游戏中的一个招数。喝酒可能会带来自己的乐趣，但这并不是游戏的本质。这一点在"干酒"（Dry Alcoholic）这一变体中得到了证明，它涉及与常规游戏相同的招数和回报，但玩时没有任何酒瓶子。

除了有效地安排时间这一社会功能外，一些游戏对于维护某些人的健康也是迫切需要的。这些人的心理是如此不稳定，他们的立场是如此脆弱地维持着，以至于剥夺他们的游戏机会可能会使他们陷入不可逆转的绝望甚至精神错乱。这样的人会非常努力地反对任何破局的招数。这通常发生在婚姻中，当一方配偶的精神状态改善（放弃破坏性的游戏）会导致另一方的精神状况迅速恶化——因为游戏对维持后者的平衡至关重要。因此，在游戏分析中必须谨慎行事。

幸运的是，不玩游戏的亲密关系——这是或应该是人类生活中最完美的形式——的回报是如此之大，以至于如果能为更好的关系找到合适的伴侣，即使是不平衡稳定的人格也可以安全而快乐地放弃游戏。

在更大的范围内，游戏是每个人无意识生活计划或脚本中不可或缺的动态组成部分；它们的作用是填补在最终结局到来之前的等待时间，同时推进行动。由于脚本最后一幕的特点要么是奇迹，要么是灾难——这取决于脚本是建设性的还是破坏性的——因此相应的游戏要么是建设性的，要么是破坏性的。通俗地说，脚本倾向于"等待圣诞老人"（waiting for Santa Claus）的人很可能会在诸如"天哪，你太棒了，默加特罗伊德先生"（Gee You're Wonderful, Mr. Murgatroyd）这样的游戏中更容易相处，而一个脚本倾向于"等待尸僵到来"（waiting for rigor mortis to set in）的人可能会玩像"现在我抓到你了，你这个浑蛋"（Now I've Got You, You Son of a Bitch）这样令人讨厌的游戏。

应该注意的是，像上一句中的俗语是游戏分析的一个组成部分，并在沟通心理治疗团体和研讨会中自由使用。"等待尸僵到来"这个短语源于一个病人的梦，梦中她决定在尸僵到来之前把某些事情做完。一个高阶团体中的一位病人指出了治疗师忽略的一件事：在实践中，等待圣诞老人和等待死亡是同义词。由于俗语在游戏分析中具有决定性的重要性，所以我们将在后面详细讨论。

五、游戏的分类

大多数用于分析游戏和消遣的变量已经被提及，它们中的任何一个都可以用于系统地对游戏和消遣进行分类。一些比较明显的分类是基于以下因素。

1. 玩家数量：双人游戏（性冷淡的女人）（Frigid Woman）、三人游戏（让你和他吵架）（Let's You and Him Fight）、五人游戏（酗酒者）和多人游戏（"你为什么不——是啊，但是"）。

2. 使用的货币：词语（精神病学）、金钱（债务人）、身体部位（多次手术症）（Polysurgery）。

3. 临床类型：歇斯底里（挑逗）、强迫症（笨手笨脚的人）、偏执（为什么这一定会发生在我身上）（Why Does This Have to Happen to Me）、抑郁症（我的老毛病又犯了）。

4. 性感带：口欲期（酗酒者）、肛欲期（笨手笨脚的人）、阳具期（让你和他吵架）。

5. 心理动力学：反恐惧症（要不是你）、投射（家长会）、内摄（精神病学）。

6. 本能：受虐（要不是你）、施虐（笨手笨脚的人）、恋物癖（性冷淡的男人）（Frigid Man）。

除了玩家的数量外，考虑其他三个量化变量通常也很有用。

1. 灵活性。有些游戏，如债务人和多次手术症，只能用一种货币才可以正常玩，而另一些游戏，如表露癖游戏，则更灵活。

2. 坚忍性。一些人很容易放弃他们的游戏，另一些人则很执着。

3. 强度。一些人以一种轻松的方式玩游戏，另一些人则更紧张和咄咄逼人。这样玩的游戏分别被称为容易游戏和困难游戏。

这三个变量汇聚在一起，决定了游戏倾向温和还是暴力。在精神障碍患者中，这方面往往会有明显的进展，所以人们可以谈论阶段。偏执型精神分裂症患者最初可能会玩一个灵活、松散、轻松的第一阶段游戏，然后发展到僵硬、顽强、艰难的第三阶段。游戏中的各个阶段有以下区别。

（1）第一级游戏是指在发起者的圈子内为社会所接受的游戏。

（2）第二级游戏是指不会造成永久性的不可弥补的伤害，但玩家宁愿向公众隐瞒。

（3）第三级游戏是指动真格的游戏，以手术室、审判室或停尸房作为最终结局。

游戏也可以根据对"要不是你"的分析中所讨论的任何其他特定因素进行分类：目的、角色、最明显的获益。最有可能进行系统、科学分类的可能是基于存在主义立场的分类；但由于对这一因素的了解还不够深入，这样的分类将不得不推迟。如果做不到这一点，目前最实用的分类可能是社会学分类。这就是下一节将使用的内容。

说明

这应该归功于斯蒂芬·波特（Stephen Potter）对日常社交场合中的策略或"计策"的敏锐、幽默的讨论，[2] 以及 G. H. 米德（G. H. Mead）对游戏在社会生活中的作用的开创性研究[3]。那些导致精神障碍的游戏自 1958 年以来一直在旧金山社会精神病学研讨会上进行系统的研究，T. 萨斯（T.Szasz）最近也探讨了这一游戏分析领域[4]。关于游戏在团体过程中的作用，可以应参考本文作者关于团体动力的书[5]。

参考文献

[1] Maurer, D. W., *The Big Con*, The Bobbs-Merrill Co., New York, 1940.

[2] Potter, S., *Theory and Practice of Gamesmanship*, Rupert Hart-Davis, 1947.

[3] Mead, G. H., *Mind, Self and Society*, Cambridge University Press, 1935.

[4] Szasz, T., *The Myth of Mental Illness*, Secker & Warburg, 1961.

[5] Berne, E., *The Structure and Dynamics of Organizations and Groups*, Pitman Medical, 1963.

第二部分　游戏汇编

引言

该汇编收集的是到目前为止（1962）所发现的所有游戏，但新的游戏正在不断被发现。有时，看起来像是已知游戏的另一个例子，经过更仔细的研究，会发现是一个全新的游戏，而一个看起来很新的游戏往往会被证明是一个已知游戏的变体。随着新知识的积累，分析的个别项目也会发生变化。例如，在描述动力学方面有几种可能的选择时，所给出的陈述可能后来被证明不是最有说服力的。然而，无论是游戏清单还是分析中给出的条目，都足以用于临床工作。

本书对一些游戏进行了详细的讨论和分析。其他需要更多调查的，或不常见的，或其重要性相当明显的，只被简要提及。"捉人者"通常被称为"发起者"，或者被赋予"怀特"（White）这一名字，而另一方则被称为"布莱克"（Black）。

根据游戏最常见的情境将游戏分为家庭游戏、生活游戏、婚姻游戏、聚会游戏、性游戏和黑社会游戏，然后是针对专业人士的咨询室游戏部分，最后是一些好游戏的例子。

标记法

在分析方案中将使用以下标记法。

标题：如果游戏名称较长，则在正文中使用方便的缩写。如果一个游戏或其变体有一个以上的名称，则可在游戏索引中找到交叉引用。在口头报告中，最好使用游戏的全称，而不是其缩写或首字母缩写。

做局：这一点被尽可能有力地重申。

目的：根据作者的经验，给出最有意义的选择。

角色：首先给出的角色是"捉人者"，从谁的角度来讨论这个游戏。

心理动力：和目的一样。

例子：（1）这给出了童年时玩的游戏的实例，这是最容易识别的相关原型。（2）成人生活实例。

范例：这尽可能简短地说明了社会和心理层面的一个或多个关键沟通。

招数：这给出了在实践中发现的最小数量的沟通刺激和沟通反应。这些可以在不同的情况下无限地扩大、稀释或修饰。

获益：（1）内在心理获益——试图说明游戏如何有助于内心的心理稳定。（2）外在心理获益——试图说明正在避免哪些引起焦虑的情境或亲密关系。（3）内部社交获益——给出游戏中与亲密朋友一起玩时使用的特征短语。（4）外部社交获益——衍生游戏或在不那么亲密的圈子里玩的消遣中使用的关键短语。（5）生物获益——试图描述游戏提供给相关各方的安抚类型。（6）

存在主义获益——说明游戏通常是从什么立场开始的。

相关游戏：这给出了互补的、类似的和破局的游戏的名称。

只有在心理治疗情境下才能对游戏有足够的理解。玩破坏性游戏的人会比玩建设性游戏的人更频繁地去看心理医生。因此，大多数众所周知的游戏基本上都是破坏性的，但读者应该记住，更幸运的人也会玩建设性的游戏。为了防止游戏的概念变得庸俗，就像许多精神病学术语一样，应该再次强调，游戏是一个非常精确的概念：游戏应该按照前面给出的标准，与程序、仪式、消遣、行动、伎俩和来自不同立场的态度明确区分开来。一场游戏是从一个立场进行的，但一个立场或其对应的态度不是游戏。

俗语

这里使用的许多俗语都是由病人提供的。只要运用的时机合适，足够敏感，所有这些口语化表达都能为玩家所欣赏、理解和喜爱。如果它们当中有一些看起来不尊重人，具有讽刺意味，那是直接针对游戏，而不是针对玩游戏的人。对俗语的第一个要求是得体，如果它们经常听起来逗人发笑，那正是因为它们一针见血。正如我在其他地方讨论口语修辞时试图表明的那样，一整页学术性的多音节词可能不会像陈述某个女人是个"婊子"或某个男人是个"混蛋"[1]那样传达出更多的东西。心理学真理可能是为了学术目的而用科学语言陈述的，但在实践中有效地认识到情感斗争可能需要不同的方法。所以我们更喜欢玩"这难道不糟糕吗"（Ain't It Awful），而不是"用言语表达投射的肛欲攻击性"。前者不仅具有更动态的含义和影响，而且实际上更精准。有时，人们在明亮的房间里比在单调乏味的房间里恢复得更快。

参考文献

[1] Berne, E., 'Intution IV: Primal Images & Primal Judgments', Psychiatric Quarterly, 29: 634-658, 1955.

第六章 生活游戏

在一般社会条件下,所有的游戏都对玩家的命运有重要的,甚至决定性的影响;但有些游戏提供了比其他游戏更多的终身职业机会,而且更有可能涉及相对无辜的旁观者。这一组可以方便地称为生活游戏。它包括"酗酒者""债务人""来打我啊"(Kick Me)"现在我抓到你了,你这个浑蛋""看看你让我做了什么"(See What You Made Me Do)以及它们的主要变体。他们在一边与婚姻游戏融合,在另一边与黑社会游戏融合。

一、酗酒者

做局。在游戏分析中,没有酗酒或"酗酒者"这样的东西,但在某种类型的游戏中,有一个角色叫作酗酒者。如果生化或生理异常是过度饮酒的原动力——这一点仍有待商榷——那么它的研究属于内科领域。游戏分析感兴趣的是一些完全不同的东西——与这种过度行为相关的各种社交沟通。因此,游戏名为"酗酒者"。

在它的全盛时期,这是一场五人游戏,尽管角色可能会被浓缩，以至于它开始时和结束时都是双人游戏。中心角色是由怀特扮演的酗酒者——那个"捉人者"。主要的辅助角色是迫害者，通常由异性成员扮演，通常是配偶。第三个角色是拯救者，一般由同性扮演，通常是对病人和酗酒问题感兴趣的家庭医生。在典型的情况下，医生成功地将酗酒者从嗜好中解救出来。怀特已经六个月没有喝酒了，他们互相祝贺。第二天，怀特被发现在排水沟里。

第四个角色是糊涂蛋（Patsy），或称笨蛋（Dummy）。在文学中，这是由熟食店老板扮演的，他给怀特赊账，给了他一个三明治，也许还有一杯咖啡，既没有迫害他，也没有试图拯救他。在生活中，怀特的母亲更经常扮演这一角色，她给他钱，经常同情他，觉得他的妻子不理解他。在游戏的这一方面，怀特被要求以某种看似合理的方式解释他对金钱的需求——通过一些双方都假装相信的名目，尽管他们知道他真正要把大部分钱花在何处。有时，糊涂蛋扮演了另一个角色，这是一个有帮助但不是必不可少的角色：鼓动者，甚至不被要求就提供补给的"好人"："来和我喝一杯吧（这样你就会更快地走下坡路）。"

在所有饮酒游戏中，辅助性的专业人员是调酒师或酒水店店员。在游戏"酗酒者"中，他扮演了第五个角色——接头人（Connexion），这是供应的直接来源，也明白酗酒者的心思，在某种程度上，他是任何瘾君子生活中最有意义的人。接头人和其他玩家的区别就是职业选手和业余选手在任何游戏中的区别：职业选手知道什么时候该停下来。在某种程度上，一个好的调酒师拒绝为酗酒者服务，然后酗酒者就没有任何补给了，除非他能找到一个更纵容他的接头人。

在"酗酒者"的最初阶段，妻子可能扮演所有三个配角：午夜，给他脱衣服、给他煮咖啡、让他打她的糊涂蛋；早上，迫害者，斥责他的邪恶行为；晚上，拯救者，恳求他痛改前非。在后期阶段，有时由于身体器官退化，可以摒弃迫害者和拯救者这两个角色，但如果他们愿意充当补给来源，则也可以容忍下去。怀特会去教会之家，如果他能在那里得到一顿免费的饭，他就会得到拯救；或者，他将忍受责骂，无论是被业余的还是职业的玩家，只要他事后能得到施舍。

目前的经验表明，"酗酒者"（这是游戏的特征）的回报来自大多数研究人员最不关注的方面。在对这场游戏的分析中，饮酒本身只是一种附带的快乐，增加了获益，但是真正的高潮其实是宿醉。在笨手笨脚的人的游戏中也是如此：最引人注目的混乱其实是怀特通向愉悦的关键，即从布莱克那里获得原谅。

对酗酒者来说，宿醉与其说是身体上的痛苦，不如说是心理上的折磨。喝酒的人最喜欢的两种消遣是"马提尼"（喝了多少酒，以及它们是如何混合的）和"宿醉"（让我告诉你我的宿醉）。在很大程度上，马提尼是由社交饮酒者玩儿的；许多酗酒者更喜欢进行一轮艰苦的心理"宿醉"，而戒酒互助会等组织为他提供了一个无限的机会。

每当一个病人在狂欢后去看他的精神科医生时，他各种骂自己，而精神科医生什么都不说。后来，怀特在一个治疗团体中回忆起这些去看精神科医生的经历时，沾沾自喜地说，是精神科医生各种骂他。许多酗酒者在治疗情境下的主要谈话兴趣不是他们的饮酒——他们提到的话，也都是在"迫害者"的迫使下才谈到自己饮酒的状况——他们更感兴趣的是他们随后的痛苦。饮酒的沟通目的，除了它带来的个人快乐之外，是制造一种情境，在这种情境下，孩子不仅可以受到内在父母的严厉斥责，而且可以受到环境中任何有兴趣管闲事的长辈的严厉斥责。因此，这个游戏的治疗不应该集中在喝酒上，而应该集中在第二天早上，对自责的沉溺。然而，有一种酗酒者不会宿醉，这类人不属于现在的类别。

还有一个游戏"干醉"，在这个游戏中，怀特在没有酒瓶子的情况下经历了经济或社会堕落的过程，做出了相同的招数顺序，需要相同的配角。在这里，第二天早晨是问题的关键所在。事实上，这正是"干醉者"和通常的"酗酒者"之间的相似之处，表明两者都是游戏。例如，两者中都有被解雇这一程序。"瘾君子"（Addict）和"酗酒者"相似，但更阴险、更戏剧化、更耸人听闻、速度更快。至少在我们的社会中，它更多地依赖于容易被找到的迫害者，而糊涂蛋和拯救者寥寥无几，接头人则扮演着更为核心的角色。

参与"酗酒者"活动的组织多种多样，有些是全国性的，甚至是国际性的，有些是地方性的。许多组织都发布了这个游戏的规则。几乎所有人都能解释如何扮演酗酒者的角色：早餐前喝一杯，花掉分配在其他用途上的钱等。他们还解释了拯救者的作用。例如，匿名酗酒者组织继续玩实际的游戏，但专注于诱导酗酒者扮演拯救者的角色。曾经酗酒的人更受青睐，因为他们知道这个游戏是怎么进行的，因此比起从未玩过的人，他们更有资格扮演配角。有报道称，戒酒协会的某个分会没有酗酒者可供工作；于是成员们又开始喝酒，因为在没有人需要被拯救的情况下，没有其他方法可以继续游戏。[1]

也有一些组织致力于改善其他参与者的命运。一些人向配偶施压，要求他们将自己的角色从迫害者转变为拯救者。似乎最接近治疗理论理想的一种方法是处理酗酒者的青少年后代；这些年轻人被鼓励脱离游戏本身，而不仅仅是改变他们的角色。

酗酒者的心理治疗还在于让他完全停止玩这个游戏，而不是简单地从一个角色转换到另一个角色。在某些情况下，这是可行的，尽管要找到比继续他的游戏更令酗酒者感兴趣的东西是一项艰巨的任务。由于他向来害怕亲密，替补可能不得不是另一种游戏，而不是一段不玩游戏的关系。通常情况下，所谓的被治愈了的酗酒者在社交上并不是那么有趣，他们可能觉得自己的生活缺乏兴奋感，并不断受到诱惑，想要回到他们的老路上。真正的"游戏治愈"的标准是，曾经的酗酒者应该能够在社交场合饮酒，而不会把自己置于危险之中。通常的"彻底戒酒"不会让游戏分析师满意。

根据以上的游戏描述，很明显"拯救者"很容易玩"我只是想帮你"（I'm Only Trying to Help You）游戏；"迫害者"总想玩"看看你都对我做了些什么"（Look What You've Done to Me）；"糊涂蛋"则倾向于玩"老好人"（Good Joe）游戏。随着一些宣称酒精成瘾是一种疾病的"拯救者"组织的兴起，酗酒者开始学会玩"假肢"（Wooden Leg）游戏。如今，对这类人特别感兴趣的法律往往会鼓励这种做法。重点已经从迫害者转移到了拯救者，从"我是个罪人"变成了"你能对一个病人有什么期望"（现代思维从宗教转向科学这一趋势的一部分）。从存在主义的角度来看，这一转变是值得怀疑的；从实际角度来看，它似乎对减少向酗酒者销售白酒几乎没有起到什么作用。尽管如此，对大多数人来说，匿名戒酒会仍然是治疗过度放纵的最佳开端。

破局。众所周知,"酗酒者"通常玩得很认真,很难戒掉。在一个案例中,治疗团体中的一名女性酗酒者几乎没有参与谈话,直到她认为自己对其他成员的了解足够多,可以继续她的游戏。然后她让他们告诉她他们对她的看法。由于她表现得足够令人愉快,许多成员都对她赞不绝口,但她表示抗议:"这不是我想要的。我想知道你到底怎么想的。"她明确表示,她正在寻求贬损言论。其他女人拒绝迫害她,于是她回家告诉丈夫,如果她再喝一杯,他必须和她离婚,否则就送她去医院。他答应这样做,那天晚上她喝醉了,他如约将她送到了医院。在这里,其他成员拒绝扮演怀特分配给他们的迫害角色;她无法容忍这种破局的行为,尽管每个人都努力加强她已经获得的所有领悟。在家里,她找到了一个愿意扮演她要求的角色的人。

然而,在其他情况下,似乎有可能让病人做好充分的准备,以便放弃游戏,并尝试真正的社会治疗,在这种治疗中,治疗师拒绝扮演迫害者或拯救者的角色。对他来说,扮演糊涂蛋的角色,让病人放弃经济和守时的义务,同样是没有疗效的。从沟通的角度来看,正确的治疗程序是,在仔细的前期准备工作之后,采取**成人契约性**的立场,拒绝扮演任何角色,希望病人不仅能够戒酒,而且能够不玩他的游戏。如果他做不到,最好将他转介给拯救者。

破局尤其困难,因为在大多数西方国家,酗酒者被视为高度谴责、关心或慷慨的理想对象,而拒绝扮演这些角色的人往往会引起公众的愤怒。相比于酗酒者,理性的方法可能会更令拯救者感到震惊,有时还会给治疗带来不幸的后果。在一个临床情境下,一群工作人员对"酗酒者"游戏非常感兴趣,他们试图通过破坏游戏来实现真正的治疗，而不仅仅是拯救病人。一旦这一点变得明显，他们就被支持诊所的非专业的委员会冷落了，他们中的任何一个再也没有被要求协助治疗这些病人。

相关游戏。在"酗酒者"中有一个有趣的配角叫"来一杯"(Have One)。这是由一位敏锐的工业精神病学学生发现的。怀特对布莱克说："来一杯！"如果他们来了一杯，这就给了怀特来个四到五杯的许可。如果布莱克拒绝，这场游戏就会被揭穿。根据饮酒规则，怀特有权觉得受到了侮辱，他会在下一次去野餐的时候找到一位更顺从的同伴。在社交层面上看起来是**成人**的慷慨，在心理层面上是一种傲慢的行为，怀特的**儿童**在怀特夫人的眼皮底下公开行贿，以获得布莱克的**父母**的纵容，怀特夫人无力抗议。事实上，这只是因为怀特夫人"无力"抗议，所以她同意了整个安排，因为她渴望游戏继续下去，扮演迫害者的角色，就像怀特先生扮演酗酒者一样。她在野餐后的第二天早上对他的指责是不难想象的。如果怀特是布莱克的老板，这个变体可能会引起复杂的问题。

总体而言，糊涂蛋并不像名字所暗示的那样糟糕。糊涂蛋通常是孤独的人，他们通过善待酗酒者获得了很大的好处。扮演"老好人"的熟食师通过这种方式结识了很多人，他不仅可以作为一个慷慨的人在自己的社交圈中获得良好的声誉，还可以作为一个好的故事讲述者。

顺便说一句，"老好人"的一个变体就是四处征求如何最好地帮助别人的建议。这是一个值得鼓励的欢乐和建设性的游戏的例子。它的反面是"硬汉"(Tough Guy)，上暴力课，或者征求关于如何最有力地伤害他人的建议。虽然故意伤害从来不会付诸实践，但玩家可以结识真正的亡命之徒，并借此狐假虎威。这是法国人所说的"吹牛的恶棍"。

分析

做局：我有多糟糕啊，看你能不能阻止我。

目的：自我惩罚。

角色：酗酒者、迫害者、拯救者、糊涂蛋、接头人。

心理动力：口欲期剥夺。

例子：(1) 看看你能不能阻止我。这个游戏的原型很难关联，因为它很复杂。然而，孩子，尤其是酗酒者的孩子，经常会做出酗酒者所特有的许多招数。"看看你能不能阻止我"，包括撒谎、隐藏东西、寻求贬损意见、寻找乐于助人的人、找到一个愿意免费施舍的仁慈的邻居等，自我惩罚往往被推迟到年纪更大的时候。

(2) 酗酒者和他的圈子。

　社交范例：成人－成人。

　成人："告诉我你对我的真实想法，或者帮我戒酒。"

　成人："我跟你说实话。"

　心理范例：父母－儿童。

　儿童："看看你能不能阻止我。"

　父母："你必须戒酒，因为……"

招数：(1) 挑衅——指责或宽恕。(2) 放纵——愤怒或失望。

获益：

(1) 内在心理获益——

①饮酒作为一种程序——叛逆、安慰和满足渴望。

②将"酗酒"作为一种游戏——自我惩罚（很有可能）。

（2）外在心理获益——避免性行为和其他形式的亲密关系。

（3）内部社交获益——看看你能不能阻止我。

（4）外部社交获益——"宿醉""马提尼"和其他消遣。

（5）生物获益——交替性的爱与怒的交流。

（6）存在主义获益——每个人都想剥夺我的权利。

二、债务人

做局。"债务人"不仅仅是一个游戏。在美国，它往往被视为一种脚本，一种毕生的计划，就像在非洲和新几内亚的一些丛林中那样[2]。在那里，一个年轻人的亲戚们为他花了很多钱买新娘，这让他在未来的几年里欠下了他们的债。在这里，同样的习俗盛行，至少在这个国家更文明的地区也是这样，除了彩礼变成了买房的钱，如果没有亲戚的份子钱，这个角色就由银行来承担。

因此，新几内亚的年轻人耳朵上挂着一块旧手表以确保成功，而美国的年轻人手臂上缠着一块新手表以确保成功，两人都觉得自己在生活中有一个"目标"。盛大的庆祝活动——婚礼或乔迁之喜——不是在债务偿清时举行的，而是在债务欠下时举行的。例如，电视上强调的不是最终还清抵押贷款的中年男子，而是和家人一起搬进新家的年轻人，自豪地挥舞着他刚刚签署的文件，这些文件将约束他一生中能挣钱的大部分岁月。在他还清了债务——抵押贷款、子女的大学费用和保险——之后，他被视为一个问题，一个社会不仅必须为他提供物质上的舒适，还必须为他提供新的"目标"的"老年人"。就像在新几内亚一样，如果他非常精明，他可能会成为一个大债权人，而不是一个大债务人，但这种情况相对较少发生。

在写这篇文章的时候，一只潮虫在桌子上爬来爬去。如果它仰面翻身，人们可以看到它为重新站起来所经历的巨大挣扎。在这段时间里，它的生活有了一个"目标"。当它成功时，几乎可以看到它脸上胜利的表情。它走了，你可以想象它在下一次与潮虫的会议上讲述它的故事，年青一代将其视为一只成功的昆虫。然而，在它沾沾自喜的同时，也有一点令人失望。现在它已经出人头地了，生活似乎没有目标。也许它会回来，重演它的胜利。也许值得用墨水在它的背上做标记，以便在它冒险的时候将它认出来。潮虫是一种勇敢的动物，难怪它存在了几百万年。

然而，大多数美国年轻人只有在压力很大的时候才会非常认真地对待抵押贷款。如果他们情绪低落，或者经济状况不佳，他们的义务会让他们继续前进，并可能阻止他们中的一些人自杀。大多数时候，他们会玩一种温和的游戏，"如果不是因为债务的话"，其他时候还是很开心的。只有少数人的职业生涯是通过玩艰难的"债务人"游戏来实现的。

"来讨债啊"（Try and Collect）是年轻夫妇通常玩的游戏，它说明了游戏是如何设置的，这样无论游戏进行到哪个方向，玩家都会"赢"。怀特夫妇以信用方式获得各种商品和服务，无论是小件商品还是奢侈品，这取决于他们的背景和他们的父母或祖父母教他们玩游戏的方式。如果债权人在几次轻微努力后放弃了收回，那么怀特夫妇就可以享受他们的获益而不受惩罚，从这个意义上说，他们赢了。如果债权人进行了更艰苦的尝试，那么他们就会享受追逐的乐趣以及他们购买的东西的使用权。如果债权人决心收回债务，游戏的强硬形式就会发生。为了得到他的钱，他将不得不采取极端手段。这些通常带有强制性的因素——去怀特的雇主那里，或者开着一辆噪声很大、花哨的卡车去他家，卡车上印着"讨债公司"的标签。

在这一点上，出现了一个转变。怀特现在知道，他可能不得不还钱。但由于强制因素，在大多数情况下，来自讨债人"第三封信"（如果你在48小时内不出现在我们办公室……）清楚地表明了这一点，怀特认为自己断然有理由生气；他现在转向了另一种形式："现在我抓到你了，你这个浑蛋。"在这种情况下，他通过证明债权人贪婪、无情和不可信赖而获胜。这样做的两个最明显的好处是：(1) 强化了怀特的立场，这通常被伪装成"所有债权人都是贪婪的"；(2) 它提供了巨大的外部社会获益，因为他现在可以在不失去自己作为"老好人"的立场的情况下，公开向朋友辱骂债权人。他还可能通过与债权人对抗来进一步利用内部社会获益。此外，这证明他利用信用体系是正确的：如果债权人就是这样的，就像他现在所展示的那样，为什么要向任何人还钱？

小房东有时会用"逍遥法外"（Try and Get Away With It）的形式来玩"债权人"（Creditor）。"来讨债啊"和"逍遥法外"玩家很容易识别对方，由于预期的沟通获益和许下的乐趣，他们暗地里很高兴，很容易相互参与。不管谁赢了这笔钱，在这一切都结束之后，每个人都因为玩"为什么这种事情总是发生在我身上"而改善了对方的处境。

金钱游戏可能会产生非常严重的后果。如果这些描述听起来很好笑，就像对一些人来说一样，那不是因为它们与琐事有关，而是因为人们被教导要认真对待的事情背后的琐碎动机被暴露了出来。

破局。"来讨债啊"的明显破局是要求立即以现金还钱。但一个优秀的"来讨债啊"玩家有办法绕过这一点，这对除了最顽固的债权人之外的任何人都有效。"逍遥法外"的破局是迅速和诚实。由于严肃的"来讨债啊"和"逍遥法外"玩家在任何意义上都是职业玩家，所以业余玩家跟他们玩，和跟职业赌徒玩，胜出的概率是一样大的。虽然业余选手很少获胜，但如果他参与其中一场游戏，他至少可以尽情享受。由于按照传统，这两场游戏都是冷酷的，没有什么比业余受害者对结果嗤之以鼻更让专业人士感到不安的了。在金融界，这被认为是严格禁止的。在向作者报告的案例中，当一个人在街上遇到债务人嘲笑他，对他来说是令人困惑、沮丧和不安的，就像对笨手笨脚的人玩反"笨手笨脚的人"一样。

三、来打我啊

做局。玩这种游戏的男人，他们的社交举止相当于戴着一个牌子，上面写着"请不要打我"。这种诱惑几乎是不可抗拒的，当自然结果随之而来时，怀特可怜地喊道："但牌子上写着'不要打我'。"然后他又怀疑地补充道，"为什么这种事情总是发生在我身上？"在临床上，"为什么总是我"可能会被内摄并伪装成"精神病学"的老生常谈："每当我处于压力之下，我就会变得心烦意乱。""为什么总是我"的一个游戏元素来自逆向自豪感："我的不幸比你的好。"这一因素常见于偏执狂。

如果他所在环境中的人受到善意、"我只是想帮你"、社会习俗或组织规则的限制，他的行为就会变得越来越挑衅，直到他越界，迫使他们顺从。这些人是被驱逐的、被遗弃的和失业者。

相应地，女性之间的游戏是"破衣烂衫"（Threadbare）。她们往往彬彬有礼，不厌其烦地打扮得破破烂烂。她们确保自己的收入，出于"好的"原因，永远不会远远高于维持生计的水平。如果她们有一笔意外之财，总有一些有事业心的年轻人会帮她们摆脱这笔钱，作为回报，她们会在毫无价值的商业推广或类似的活动中获得股份。通俗地说，这样的女人被称为"母亲的朋友"，总是乐于给出明智的父母建议，并以他人的经验为生。她们的"为什么总是我"是沉默的，只有她们勇敢奋斗的举止才表明"为什么这种事情总是发生在我身上"。

一种有趣的"为什么总是我"形式出现在适应良好的人身上，他们收获了越来越多的奖励和成功，往往超出了他们自己的预期。在这里，如果"为什么总是我"采取"我何德何能"的形式，可能会带来严肃和建设性的思考，并带来最好的个人成长。

四、现在我抓到你了，你这个浑蛋

做局。这可以在扑克游戏的经典形式中看到。怀特拿到了一手不可战胜的牌，比如四张 A。在这一点上，如果他是一名"现在我抓到你了，你这个浑蛋"玩家，他更感兴趣的是布莱克完全受他的摆布，而不是他对好的扑克或赚钱感兴趣。

怀特需要安装一些水管装置，在批准之前，他非常仔细地与水管工审阅了成本。价格已经确定，并达成一致，不会有额外的费用。当水管工提交账单时，他额外加了几美元用于安装一个意想不到的阀门——一份 400 美元的工作大约需要额外的 4 美元。

怀特勃然大怒，打电话给水管工，要求他做出解释。水管工不肯让步。怀特给他写了一封长信，批评他的正直和道德，并拒绝支付账单，直到额外的费用被撤回。水管工终于屈服了。

很快事情变得很明显，怀特和水管工都在玩游戏。在谈判过程中，他们认识到了对方的潜力。水管工在提交账单时做出了挑衅的举动。既然怀特有了管道工的承诺，管道工显然是错的。怀特现在觉得有理由对他发泄几乎无限的愤怒。怀特没有仅仅以一种符合他为自己设定的**成人标准**的有尊严——也许还带着一点无辜的恼怒——的方式进行谈判，而是抓住机会对水管工的整个生活方式进行了广泛的批评。从表面上看，他们的论点是**成人**对**成人**的争执，一场合法的商业纠纷，目的是一笔数额确定的钱。在心理层面上，这是**父母－成人**：怀特利用他琐碎但在社会上可以辩护的反对意见（立场），向他讨好的对手发泄多年来被压抑的愤怒，就像他的母亲在类似情况下可能会做的那样。他很快就意识到了他潜在的态度，并意识到他对水管工的挑衅是多么让人暗自高兴。然后他回忆说，从孩提时代起，他就一直在寻找类似的不公正，欣喜地接受它们，并以同样的活力利用它们。在他叙述的许多情况下，他忘记了实际的挑衅，但非常详细地记得随后的战斗过程。显然，这位水管工玩的是"为什么这种事情总是发生在我身上"（"为什么总是我"）的某种变体。

"现在我抓到你了，你这个浑蛋"是一款双人游戏，必须与"这难道不糟糕吗"（Ain't It Awful）区别开来。在"这难道不糟糕吗"中，发起者寻求不公正，以便向第三方抱怨，这是一个三人游戏：攻击者、受害者和知己。"这难道不糟糕吗"是在"同病相怜"（Misery Loves Company）的口号下玩的。知己通常是同时也在玩"这难道不糟糕吗"的人。"为什么总是我"也是三人的,但在这里,发起者试图在不幸中建立自己的优越立场,并憎恨来自其他不幸的人的竞争。"现在我抓到你了,你这个浑蛋"以三人的专业形式商业化,被称为"仙人跳"(badger game)。它也可能以或多或少微妙的形式被玩成一个双人的婚姻游戏。

破局。最好的破局是正确的行为。与"现在我抓到你了,你这个浑蛋"玩家的关系的合同结构应该在第一时间明确详细地说明,并严格遵守规则。例如,在临床实践中,对于错过预约或取消付款的问题,必须一次性解决清楚,并采取额外的预防措施,以避免记账错误。如果出现意想不到的争执,破局是毫无争议地优雅让步,直到治疗师准备好处理这个游戏。在日常生活中,与"现在我抓到你了,你这个浑蛋"玩家的商业往来一定要小心盘算其中的风险。这样的人的妻子应该受到礼貌的正确对待,即使是最温和的调情、殷勤或轻蔑也应该避免,特别是如果丈夫自己再加以鼓励的话。

分析

做局:现在我抓到你了,你这个浑蛋。

目的:正当性。

角色:受害者、攻击者。

心理动力:嫉妒的愤怒。

例句:(1)这次我抓到你了。(2)嫉妒的丈夫。

社交范例:成人-成人。

成人:"看,你做错了。"

成人:"现在你引起了我的注意,我想我已经注意到了。"

心理范例：父母－儿童。

父母："我一直在看着你，希望你能犯错。"

儿童："这次你抓到我了。"

父母："是的，我要让你感受到我的愤怒的全部力量。"

招数：

（1）挑衅——指责。

（2）辩护——指责。

（3）辩护——惩罚。

获益：

（1）内在心理获益——愤怒的理由。

（2）外在心理获益——避免直面自身的不足。

（3）内部社交获益——黑社会。

（4）外部社交获益——他们总是想要占你便宜。

（5）生物获益——敌对的交流，通常在同性之间。

（6）存在主义获益——人不可信。

五、看看你让我做了什么

做局。就其经典形式而言，这是一款婚姻游戏，实际上是一款"三星级的婚姻破坏者"，但它也可能在父母和孩子之间以及在工作中玩。

（1）第一级别"看看你让我做了什么"：怀特，感觉不爱交际，全神贯注于一些活动，这些活动往往会让他与人隔绝。也许他现在想要的只是一个人待着。闯入者，比如，他的妻子或孩子，要么是为了安抚，要么是问他这样的问题："我在哪里可以找到长尖嘴钳？"这种干扰"导致"他的凿子、画笔、打字机或烙铁滑落，于是他怒气冲冲地转向闯入者，大喊："看看你让我做了什么。"随着这些年来这种情况反复发生，当他全神贯注时，他的家人越来越倾向于离开他。当然，不是闯入者，而是他自己的愤怒"导致"了失误。当失误发生时，他非常高兴，因为这给了他一个正当理由，让他可以把不速之客赶出去。不幸的是，这是一个很容易被小孩子学习的游戏，所以它很容易代代相传。当它被玩得更诱人时，潜在的满足感和获益就会更清楚地表现出来。

（2）第二级别"看看你让我做了什么"：如果"看看你让我做了什么"是一种生活方式的基础，而不仅仅是偶尔被用作一种保护机制，那么怀特就会娶一个玩"我只是想帮你"或它的一个相关游戏的女人。这样，他就很容易把决定权交给她。通常，这可能是以体贴或殷勤的伪装来完成的。他可能会恭敬而礼貌地让她决定去哪里吃饭或看哪部电影。如果事情进展顺利，他可以尽情享受。如果没有，他可以责怪她，说或暗示"都是你害的"（You Get Me Into This），这是"看看你让我做了什么"的一个简单变体。或者，他可能会把孩子成长的决定压在她身上，而他则是执行总裁；如果孩子们不高兴，他可以直接玩一场"看看你让我做了什么"游戏。多年来，如果孩子表现不好，这就为责备母亲奠定了基础；那么，"看看你让我做了什么"本身并不是目的，而只是在向孩子们表达"我告诉过你了"（I Told You So）或"看看你现在做了什么"（See What You've Done Now）的过程中提供了短暂的满足感。

用"看看你让我做了什么"支付心理费用的职业玩家也会在他的工作中使用它。在职业性"看看你让我做了什么"中，长期忍受怨恨的表情取代了言语。玩家"民主地"或作为"良好管理"的一部分，向他的助手征求建议。通过这种方式，他可能会因为恐吓他的后辈而获得不容置疑的立场。他犯的任何错误都可以用来指责他们。用来对付年长的人（将自己的错误归咎于他们），它会变得自我毁灭，并可能导致终止雇佣关系，或者在军队中转到另一个单位。在这种情况下，它是心怀怨恨的人"为什么这种事情总是发生在我身上"（Why Does This Always Happen To Me）的一个组成部分，或者抑郁的人"我的老毛病又犯了"的一个组成部分——这两个都是"来打我啊"一类的游戏。

"看看你让我做了什么"可能由偏执狂来玩，对付那些不小心给他们建议的人（参见"我只是想帮你"）。在那里它可能是危险的，在极少数情况下甚至是致命的。

"看看你让我做了什么"和"都是你害的"可以完美互补，所以"看看你让我做了什么"和"都是你害的"的组合是许多婚姻中隐蔽的游戏合同的典型基础。该合同通过以下顺序进行说明。

经双方同意，怀特夫人负责全家的记账，并从联合支票账户中支付账单，因为怀特先生"不擅长数字"。每隔几个月，他们就会收到透支通知，怀特先生必须与银行结清透支金额。当他们寻找困难的根源时，结果发现怀特夫人在没有告诉丈夫的情况下买了一件昂贵的东西。当这件事被曝光时，怀特先生会愤怒地玩他的"都是你害的"，她会含泪接受他的指责，并承诺这种事情不会再发生了。会一切顺利一段时间，然后债权人的代理人会突然出现，要求为一张逾期已久的账单付款。怀特先生没有听说过这张账单，他会就此向他的妻子发问。然后，她会弹出她的"都是你害的"，说这是他的错。由于他禁止她透支他们的账户，她唯一能维持收支平衡的方法就是不付这笔巨额债务，并向他隐瞒讨债者。

每次他们总以为这是最后一次，从此会有不一样的生活——事实的确如此，但这通常只能维持几个月，然后故态复萌，结果这些游戏持续了十余年之久。在治疗中，怀特先生在没有治疗师任何帮助的情况下非常巧妙地分析了这场游戏，并设计了一种有效的治疗方法。经双方同意，他和怀特夫人把所有的借记账户和他们的银行账户都登记在他的名下。怀特夫人继续记账和开支票，但怀特先生先看了账单，并控制了支出。通过这种方式，讨债人和透支都绕不过他，他们现在分担了预算中的劳动。失去了"看看你让我做了什么"和"都是你害的"的满足感和获益，怀特一开始感到茫然，然后被迫从彼此那里寻找更开放和更具建设性的满足感。

破局。与第一级别"看看你让我做了什么"相反的是留下玩家独自一人，而与第二级别"看看你让我做了什么"相反的是让怀特做出决定。第一级别玩家的反应可能是感到孤独，但很少生气；第二级别玩家如果被迫采取主动，可能会变得闷闷不乐，从而导致系统性的反"看看你让我做了什么"而导致令人不快的后果；第三级别"看看你让我做了什么"的破局应该交到称职的专业人士手中。

六、部分分析

这个游戏的目的是证明自己的清白。从动力学上看，轻度形式可能与早泄有关，而早泄是一种基于"阉割"焦虑而难以发怒的形式。它很容易被孩子们习得。外在的心理获益（逃避责任）是很突出的，这个游戏通常是由即将到来的亲密关系的威胁引发的，因为"正当的"愤怒为避免性关系提供了一个很好的借口。存在主义的立场是，"我是无可指摘的"。

说明

感谢加利福尼亚州奥克兰市酒瘾治疗与教育中心的罗德尼·纳斯（Rodney Nurse）医生和弗朗西斯·马特森（Frances Matson）女士，感谢肯尼斯·埃弗茨（Kenneth Everts）医生、斯塔雷尔斯（R. J. Starrels）医生、罗伯特·古尔丁（Robert Goulding）医生和其他对这个问题（酗酒问题）特别感兴趣的人，感谢他们在将"酗酒者"作为一种游戏进行研究方面所做的持续努力，以及他们对当前讨论所做的贡献和提出的批评。

参考文献

[1] Berne, E., *A Layman's Guide to Psychiatry & Psychoanalysis*, Simon &Schuster, New York, 1957, p. 191.

[2] Mead, M., *Growing Up in New Guinea*, Morrow, New York, 1951.

第七章　婚姻游戏

几乎所有游戏都可以成为婚姻和家庭生活的基石，只不过在婚姻这种具有法律效力的亲密契约下，有些游戏更为盛行，例如"要不是你"；有些游戏人们能忍耐更长时间，例如"性冷淡的女人"。当然，这里只是强行地将婚姻游戏与性游戏分开，本书另有一章专门介绍性游戏。在婚姻关系中，演变得最成熟的游戏包括"困境"（Corner）、"法庭"（Courtroom）、"性冷淡的女人"（Frigid Woman）、"忙碌"（Harried）、"要不是你"（If It Weren't For You）、"看看我已经有多努力了"（Look How Hard I've Tried）以及"亲爱的"（Sweetheart）。

一、困境

做局。困境比大多数游戏更清楚地说明了它们的操纵性以及它们作为亲密障碍的作用。矛盾的是，它包括一种不真诚地拒绝参与他人的游戏。

1.怀特太太向她丈夫建议他们去看电影。怀特对此表示赞同。

2a. 怀特太太犯了一个"无意识的"的失误。在谈话过程中，她很自然地提到房子需要粉刷。这是一个昂贵的项目，怀特最近告诉她，他们的财务状况很紧张；他要求她不要通过提出不寻常的支出来让他尴尬或恼火，至少在新的一个月开始之前。因此，现在提出房子的状况并不是一个恰当的时机，怀特做出了粗鲁的回应。

2b. 或者：怀特把话题引到了房子上，这让怀特夫人很难抵制住说房子需要粉刷的诱惑。和之前的情况一样，怀特做出了粗鲁的回应。

3. 怀特太太生气了，说如果他心情不好，她就不会和他一起去看电影了，他最好自己去。他说，如果这是她的感觉，他会一个人去。

4. 怀特去看电影（或和孩子们一起去），留下怀特太太在家平复她受伤的心情。

这个游戏有如下两个可能的暗机关。

1. 怀特夫人从过去的经验中很清楚地知道，她不应该把他的气恼当真。他真正想要的是让她对他为养家糊口付出的辛勤劳动表示赞赏，然后他们就可以幸福地一起去看电影了。但她拒绝这样玩，他感到非常失望。他带着失望和怨恨离开了，而她则待在家里，看起来受到虐待，但心里暗暗感到胜利。

2. 怀特从过去的经验中很清楚地知道，他不应该把她一时的小性子当真。她真正想要的是甜言蜜语，然后他们就会幸福地一起去看电影。但他拒绝这样玩，因为他知道他的拒绝是不诚实的：他知道她想要他哄她，但他假装不想哄。他离开了房子，感到高兴和欣慰，但看起来很委屈。她感到失望和怨恨。

在每一种情况下，从天真的角度来看，胜利者的立场都是无可非议的；他或她所做的只是从字面上理解对方。这一点在第二种情况中更清楚，怀特将怀特夫人拒绝去看电影当了真。他们都知道这是在矫情，但既然她说了，她就走投无路了。

这里最明显的获益是外在心理的。他们俩都觉得电影能够刺激性欲，从剧院回来后，他们会做爱，这或多或少是意料之中的。因此，无论他们中的哪一个想要避免亲密关系，都会在招数 2a 或 2b 中设置游戏。这是一种特别令人恼火的"大吵一架"（见第九章）的变体。当然，受委屈的一方可以很好地证明自己不想在情有可原的愤怒状态下做爱，而走投无路的配偶则没有追索权。

破局。这对怀特夫人来说很简单。她所要做的就是改变主意，牵着她丈夫的胳膊，微笑着和他一起去（从**儿童**到**成人**自我状态的转变）。这对怀特先生来说更难了，因为她现在掌握了主动权；但如果他回顾一下整个情况，他可能会哄她和他一起去，要么像一个闷闷不乐的**儿童**，得到安抚，或者更好的是，作为一个**成人**得到安抚。

"困境"的形式有点不同，它是一种涉及孩子们的家庭游戏，它类似于贝特森和他的同事们所描述的"双重束缚"[1]。在这里，孩子被逼到了绝境，所以他做的任何事情都是错误的。根据贝特森学派的说法，这可能是精神分裂症的一个重要病因。那么，在现在的语言中，精神分裂症可能是一个孩子对"困境"的破局。用游戏分析治疗成年精神分裂症病人的经验证实了这一点——如果对"困境"家庭游戏进行分析，证明了病人的精神分裂症行为曾经是并且现在依然是在对抗该游戏,那么在有适当准备的病人身上,症状就会部分甚至完全缓解。

一种全家人都在玩的日常形式的"困境",最有可能影响年幼孩子的性格发展,这通常发生在多管闲事的"父母"身上。小男孩或小女孩被敦促在家里多帮忙,但当他这样做时,父母会对他的所作所为吹毛求疵——这是"做了不对,不做也不对"的一个家常例子。这种"双重束缚"是可以被称为"困境"的两难境地。

"困境"有时被认为是哮喘儿童的致病因素。

小女孩:"妈妈,你爱我吗?"
母亲:"什么是爱?"

这种回答使孩子没有直接的追索权。她想谈论母亲是否爱她,而母亲把话题转到了哲学上,这是小女孩没有能力处理的。她开始呼吸急促,母亲则很恼火,小女孩哮喘发作,母亲道歉,哮喘游戏现在结束了。这种"哮喘"类型的"困境"仍有待进一步研究。

有一种优雅的变体,可能被称为"困境"的"罗素-怀特黑德类型"(Russel-Whitehead),有时出现在治疗团体中。

布莱克:"好吧,不管怎么说,当我们沉默的时候,没有人在玩游戏。"
怀特:"沉默本身可能是一个游戏。"
瑞德:"今天没人玩游戏。"
怀特:"但不玩游戏本身可能就是一个游戏。"

治疗性的破局也同样优雅。逻辑上的悖论是被禁止的。当怀特被剥夺了这一策略时,他潜在的焦虑很快就显现了出来。

一方面与"困境"关系密切,另一方面又与"破衣烂衫"联系在一起的是"午餐袋"(Lunch Bag)这一婚姻游戏。尽管丈夫有足够的钱在一家好餐馆吃午饭,但他每天早上还是会给自己做几个三明治,然后装在纸袋里带到办公室。通过这种方式,他用完了面包皮、晚餐剩饭和他妻子为他留下来的纸袋。这让他完全控制了家庭财务,因为面对这样的自我牺牲,哪个妻子敢给自己买貂皮披肩呢?丈夫还获得了其他许多好处,比如,独自吃午饭的特权,以及在午餐时间赶工作的特权。从很多方面来说,这是一个本杰明·富兰克林(Benjamin Franklin)肯定会赞成的建设性游戏,因为它鼓励节俭、勤奋和准时的美德。

二、法庭

做局。就描述而言,这属于在法律中找到最华丽表达的游戏类别,其中包括"假肢"(以精神失常来抗辩)和"债务人"(民事诉讼)。在临床上,它最常见于婚姻咨询和婚姻心理治疗团体。事实上,一些婚姻咨询和婚姻团体组成了一个无休止的"法庭"游戏。在这个游戏中,什么都不能解决,因为游戏从来不会被打破。在这种情况下,很明显,咨询师或治疗师在没有意识到的情况下沉浸在游戏中。

"法庭"可以由任意数目的人来玩,但本质上是三人游戏,原告、被告和法官,分别由丈夫、妻子和心理医生所代表。如果它是在治疗团体中上演的,或者通过在广播或电视里播放,观众中的其他成员将被选为陪审团。丈夫哀伤地开始说："让我告诉你（妻子的名字）昨天做了什么。她拿走了……"然后，妻子辩解说："事情的真相是这样的……除此之外，就在那之前，他……不管怎么说，当时我们都……"丈夫殷勤地补充说："我很高兴你们有机会听到双方的故事，我只想公平一点。"说到这里，咨询师明智地说："在我看来，如果我们考虑……"如果有听众，治疗师可能会抛给他们："好吧，让我们听听其他人有什么要说的。"或者，如果这个团体已经接受过训练，他们将在没有任何指示的情况下扮演陪审团。

破局。治疗师对丈夫说："你说得太对了！"如果丈夫沾沾自喜或得意扬扬地放松，治疗师会问："你对我说的话有何感想？"丈夫回答说："很好。"然后治疗师说，"实际上，我觉得你错了。"如果丈夫是诚实的，他会说："我早就知道了。"如果他不诚实，他会做出一些反应，表明游戏正在进行。那么就有可能进一步调查这件事。游戏元素在于这样一个事实，即尽管原告公开叫嚣着要获胜，但从根本上说，他认为自己错了。

在收集了足够的临床材料来澄清情况后，游戏可以通过一种在整个对抗性艺术中最优雅的动作来加以阻止。治疗师制定了一条规则，禁止在团体中使用（语法上的）第三人称。从那时起，成员们只能直接称呼对方为"你"或称自己为"我"，但不能说，"让我告诉你关于他的事"或"让我告诉你关于她的事"。在这一点上，这对夫妇完全停止在团体中玩游戏，或者转移到"亲爱的"，这有一些改进；或者玩起了"此外"（Furthermore），而这是完全没有帮助的。在本书中的另一节描述了"亲爱的"。此外，原告提出了一项又一项指控。被告对每个人的回答都是"我可以解释"。

原告没有去留意这一解释,但只要被告停顿一下,他就会开始下一个指控,接着是另一个解释——典型的**父母-儿童**交流。

偏执的被告玩"此外"玩得最多。由于他们总是只听字面意思,他们特别容易让用幽默或隐喻表达自己的原告感到沮丧。一般来说,隐喻是在"此外"这个游戏中最需要避免的陷阱。

在日常生活中,"法庭"在儿童身上很容易被观察到是两个兄弟姐妹和一位家长之间的三人游戏。"妈妈,她把我的糖果拿走了。""是的,但他拿走了我的洋娃娃,在那之前他还打我,不管怎样,我们俩都答应要分享我们的糖果。"

分析

做局:他们必须说我是对的。

目的:安慰。

角色:原告、被告、法官(和/或陪审团)。

心理动力:兄弟姐妹之间的竞争。

例子:

(1)孩子吵架,父母插手。

(2)已婚夫妇,寻求"帮助"。

社交范例:成人-成人

成人:"她就是这么对我的。"

成人:"真正的事实是这样的。"

心理范例:儿童-父母。

儿童:"告诉我我是对的。"

父母:"这个是对的。"或者:"你们都是对的。"

招数:

(1) 提出申诉——提出辩护。

(2) 原告提出反驳、让步或呈现善意的姿态。

(3) 法官的决定或对陪审团的指示。

(4) 提交最终决定。

获益：

(1) 内在心理获益——内疚的投射。

(2) 外在心理获益——免除内疚。

(3) 内部社交获益——"亲爱的""此外""大吵一架"等。

(4) 外部社交获益——"法庭"。

(5) 生物获益——法官和陪审团的安抚。

(6) 存在主义获益——抑郁的立场，我总是错的。

三、性冷淡的女人

做局。这几乎总是一场婚姻游戏，因为很难想象非正式联系会在足够长的时间内提供所需的机会和特权；或者面对这一游戏，这种联系会保持下去。

丈夫向妻子示爱，但遭到拒绝。经过反复的尝试，他被告知所有的男人都是野兽，他并不是真的爱她，或者不是因为她这个人而爱她，他所感兴趣的只有性。他停了一会儿，然后再试一次，结果是一样的。最终，他放弃了，没有取得进一步的进展。随着几周或几个月的过去，妻子变得越来越随意，有时还会健忘。她半裸着穿过卧室，或者在洗澡时忘了拿干净的毛巾，所以他不得不把毛巾拿给她。如果她玩得很强硬或酗酒，她可能会在聚会上与其他男人调情。最后，他对这些挑衅做出了回应，并再次尝试。

他又一次被拒之门外,一场关于他们最近的行为、其他夫妻、他们的姻亲、他们的财务状况和他们的失败的"大吵一架"游戏上演,随后被一扇"砰"地关上的门终止了。

这一次,丈夫下定决心彻底放弃,他们会找到一个过上无性婚姻的权宜之计。几个月过去了。他谢绝了穿睡衣展示和被遗忘的毛巾伎俩。妻子变得更随意,更健忘,但他仍然拒绝。然后有一天晚上,她真的走近他,亲吻了他。起初他没有回应,记起了自己的决心,但在漫长的饥荒之后,本性开始流露出来,现在他认为自己肯定做到了。他的第一次试探性进展并未被击退。他变得越来越大胆。就在紧要关头,妻子退后一步,大叫:"看,我跟你说过什么!男人都是野兽,我只想要感情,但你只对性爱感兴趣!"在这一点上,随之而来的"大吵一架"游戏可能会跳过他们最近的行为和他们的姻亲,并直奔财务问题。

应该指出的是,尽管他提出了抗议,丈夫通常和他的妻子一样害怕性关系,他通过选择合适的伴侣来尽可能减少暴露自己潜在性问题的风险,甚至还能够把责任归咎于对方。

在日常生活中,这个游戏是由不同年龄的未婚女士玩的,这很快就为她们赢得了一个常见的俚语称谓(性冷淡的女人)。对于她们,这个游戏往往会融入"愤慨"(Indignation)或者"挑逗"的游戏之中。

破局。这是一场危险的游戏,可能的破局也同样危险。找情妇是一场赌博。面对如此激烈的竞争,一方面,妻子可能会放弃游戏,试图开始正常的婚姻生活,也许为时已晚;另一方面,她可能会利用这段婚外情,通常是在律师的帮助下,在一场"现在我抓到你了,你这个浑蛋"的游戏中,作为对抗丈夫的弹药。如果丈夫接受心理治疗，而她不接受治疗，结果同样不可预测。妻子的游戏可能会随着丈夫变得更强大而崩溃，从而带来更健康的转变；但如果妻子是一个强硬的玩家，他的进步可能会导致离婚。最好的解决方案，如果可行的话，是双方进入沟通分析婚姻团体，在那里游戏的潜在获益和基础性病理可以暴露出来。有了这样的准备，夫妻双方都可能对密集的个人心理治疗产生兴趣。这可能导致心理上的再婚。如果不是这样，至少各方都可以对局势做出比其他情况更明智的调整。

日常生活的破局是寻找另一个社交伙伴。一些更精明或更残酷的破局是道德败坏的，甚至是犯罪的。

相关游戏。相反的游戏"性冷淡的男人"不那么常见，但它的过程大致相同，只是有一些细节上的变化。最终结果取决于有关各方的脚本。

"性冷淡的女人"的关键点是"大吵一架"的结束阶段。一旦这种关系走到尽头，性亲密就不可能了，因为双方都从"大吵一架"中获得一种反常的满足感，不需要从对方那里获得进一步的性兴奋。因此，反对"性冷淡的女人"最重要的一点就是拒绝"大吵一架"。这让妻子处于一种性不满的状态，这种状态可能会非常严重，以至于她会变得更加顺从。对"大吵一架"的使用可以来区分"性冷淡的女人"和"打我吧，爸爸"（Beat Me Daddy），在"打我吧，爸爸"中，"大吵一架"是前戏；而在"性冷淡的女人"中，"大吵一架"代替了性行为本身。因此，在"打我吧，爸爸"中，"大吵一架"是性行为的一种状态，是一种增加刺激的恋物癖，而在"性冷淡的女人"中，一旦"大吵一架"发生，就意味着性亲密的结束。

很多年前，狄更斯在《远大前程》中所描述的那种拘谨的小女孩所玩的游戏，是"性冷淡的女人"的类似物。她穿着硬挺的连衣裙走了出来，让小男孩给她做一个泥饼。然后，她嘲笑他肮脏的手和衣服，并告诉他她有多干净。

分析

做局：现在我抓到你了，你这个浑蛋。

目的：自证无罪。

角色：称职的妻子，不体贴的丈夫。

心理动力：阴茎嫉妒。

例子：

(1) 谢谢你的泥饼，你这个肮脏的小男孩。

(2) 挑逗的、性冷淡的妻子。

社交范例：父母－儿童。

父母："我允许你给我做一个泥饼（吻我）。"

儿童："我很乐意。"

父母："现在看看你有多脏。"

心理范例：儿童－父母。

儿童："看看你能不能引诱我。"

父母："如果你阻止我，我会试一试。"

儿童："看，是你先开始的。"

招数：

(1) 引诱——回应。

(2) 拒绝——放弃。

(3) 挑衅——回应。

(4) 拒绝——大吵一架。

获益：

(1) 内在心理获益——从虐待狂幻想中摆脱内疚。
(2) 外在心理获益——避免所害怕的身体暴露和阴茎插入。
(3) 内部社交获益——"大吵一架"。
(4) 外部社交获益——你会怎么处理肮脏的小男孩(丈夫)？
(5) 生物获益——禁止性游戏，以及敌对的交流。
(6) 存在主义获益——我是纯洁的。

四、忙碌

做局。这是忙碌的家庭主妇玩的游戏。她的处境要求她精通 10～12 种不同的职业；或者，换句话说，她需要优雅地扮演 10～12 不同的角色。这些职业或角色的清单会时不时半开玩笑地出现在周日的副刊上：情妇、母亲、护士、女佣等。由于这些角色通常是相互冲突和令人疲惫的，多年来，这些角色的强加会导致象征性地被称为"家庭主妇的膝盖"的疾病（因为膝盖被用来辅助做清洁、拿东西、驾驶等），其症状在诉状中被简洁地总结为："我累了。"

然而，如果家庭主妇能够设定自己的步调，在爱丈夫和孩子中找到足够的满足感，她不仅会提供服务，而且会享受那 25 年的时间，并带着一种孤独的痛苦送最小的孩子上大学。但是，如果她一方面被内心的父母驱使，被她所选择的挑剔丈夫要求，让她去承担家庭责任（这正是她选择他的原因）；另一方面又无法从爱她的家庭中获得足够的满足感，她可能会变得越来越不快乐。

起初,她可能会试着用"要不是你"和"瑕疵"(Blemish)来安慰自己(事实上,任何家庭主妇在遇到困难时都可能会求助于这些);但很快,这些都无法让她坚持下去。然后她必须找到另一条出路,那就是"忙碌"的游戏。

这个游戏的主题很简单。她接受一切,甚至要求做到更多。她同意丈夫的批评,并接受了孩子们的所有要求。如果她必须在晚餐上招待客人,她不仅觉得自己必须无懈可击地成为一个健谈的人,还要扮演好管家、女佣、室内设计师、大厨、迷人女郎、纯洁女王和外交家的角色;她还会在那天早上自愿烘焙蛋糕,带孩子去看牙医。如果她已经觉得忙碌了,她会让这一天变得更加忙碌。然后,在下午的时候,她情有可原地倒下了,什么也做不了。她让她的丈夫、孩子和他们的客人失望,她的自责增加了她的痛苦。在这种情况发生两三次后,她的婚姻岌岌可危,孩子们感到困惑,她体重减轻、头发凌乱、脸色苍白、鞋子都磨坏了。然后她出现在精神科医生的办公室,准备住院。

破局。逻辑上的破局很简单:怀特夫人可以在一周内接连扮演她的每一个角色,但她必须拒绝同时扮演两个或两个以上的角色。例如,当她举办鸡尾酒会时,她可以扮演宴席承办人或保姆,但不能同时扮演两者。如果她只是因为"家庭主妇的膝盖"而痛苦,她或许可以用这种方式限制自己。

然而,如果她真的是在玩一场"忙碌"的游戏,她将很难坚持这一原则。在这种情况下,丈夫是经过精心挑选的;他是一个通情达理的人,只不过,如果妻子没有他母亲那么能干,他会批评她。实际上,她嫁给了他对母亲的幻想,就像他的**父母**所延续的那样,这类似于她对母亲或祖母的幻想。在找到了合适的伴侣后，她的儿童现在可以安顿下来，扮演维持心理平衡所必需的**忙碌**角色，而她不会轻易放弃这一角色。丈夫的职业责任越多，他们两人就越容易找到**成人**的理由来保留他们关系中不健康的方面。

当这个立场变得不能维持时，通常是因为学校代表不快乐的孩子进行官方干预，精神科医生会被请来，让它成为一个三人游戏。要么丈夫想让医生彻底改变妻子，要么妻子想让医生成为对抗丈夫的盟友。随后的程序取决于精神科医生的技能和警觉性。通常情况下，第一阶段，即缓解妻子的抑郁，将顺利进行。第二阶段是决定性的阶段，在这一阶段，她将放弃玩"忙碌"，转而玩"精神病学"。这往往会引起配偶双方越来越多的对立。有时，这被很好地隐藏起来，然后突然爆发，尽管并不出人意料。如果这一阶段经受住了考验，那么真正的游戏分析工作就可以继续进行。

我们有必要认识到，真正的罪魁祸首是妻子的**父母**、她的母亲或祖母；在某种程度上，丈夫只是一个被选中在游戏中扮演自己角色的工具人。治疗师不仅要与这位**父母**和丈夫做斗争——他在玩这一角色时极为投入——还必须与鼓励妻子顺从的社会环境做斗争。在一篇关于家庭主妇必须扮演的多种角色的文章发表后的一周，有一个问题：我做得怎么样？在周日的报纸上有十项测试，以确定"你是一个多好的女主人（妻子）（母亲）（管家）（预算员）"。对玩"忙碌"游戏的家庭主妇来说，这就相当于**儿童**游戏附带的小宣传单，上面写着规则。这可能有助于加快"忙碌"的演变，如果不加以遏制，可能会以"州立医院"（State Hospital）的游戏告终（"我最不想要的就是被送到医院去"）。

这类夫妇的一个实际困难是，丈夫倾向于回避亲自参与治疗，除了玩"看看我已经有多努力了"，因为他通常比他愿意承认的更不安。相反，他可能会通过发脾气间接向治疗师发送信息，他知道妻子会报告这一情况。因此，"忙碌"很容易演变为第三级别的"生－死－离婚"之争。精神科医生几乎是独自一人在"生"的一方，只有病人忙碌的**成人**提供帮助，而病人则陷入一场可能是致命的战斗，对手是丈夫的所有三方面，以及与她自己内心的**父母**和**儿童**。这是一场戏剧性的战斗，胜算为 2 比 5，这是对最远离游戏和最专业的治疗师技能的考验。如果他畏缩了，他可以采取简单的办法，把他的病人放在离婚法庭的祭坛上，这相当于说："我投降了——让你跟他打起来吧。"

五、要不是你

做局。对这个游戏的详细分析已经在第五章中给出了。这是历史上发现的第二个游戏，在那之前，它只被认为是一个有趣的现象。随着"要不是你"的进一步发现，很明显，必须有一个完整的基于隐秘沟通的社会行动部门。这促使我们更积极地对此类行为开展研究，本书的游戏汇编便是这些研究的成果之一。

简而言之，女人嫁给一个专横的男人，这样他就会限制她的活动，从而防止她陷入让她害怕的境地。如果这是一个简单的行动，当他为她提供这项服务时，她可能会表达她的感激之情。然而，在"要不是你"的游戏中，她的反应却截然相反：她趁势抱怨这些限制，这让她的配偶感到不安，并给了她各种好处。这是这个游戏的内部社交获益。外部社交获益是衍生的消遣"要不是你"，她可以和志趣相投的女性朋友们一起玩。

六、看看我已经有多努力了

做局。在其常见的临床形式中，这是一对已婚夫妇与精神病医生玩的三人游戏。丈夫（通常）强烈想要离婚，虽然他嘴上说着相反的话，而配偶则更真诚地想要继续婚姻。他带着抗议来到治疗师那里，说话的量恰到好处地向妻子证明他是在合作；通常他会玩一个温和的"精神病学"或"法庭"游戏。随着时间的推移，他要么表现出越来越怨恨的伪顺从，要么对治疗师表现出好斗的争辩。在家里，他起初表现出更多的理解和克制，最后表现得比以往任何时候都更糟糕。在一次、五次或十次治疗后——取决于治疗师的技能——他拒绝再来，而是去打猎或钓鱼。然后，妻子被迫申请离婚。丈夫现在是无可指摘的，因为他的妻子主动采取了行动，他通过去看心理医生来展示他的诚意。他很有资格对任何律师、法官、朋友或亲戚说："看看我已经有多努力了！"

破局。这对夫妇一起去看心理医生。如果其中一个人——比如说丈夫——显然在玩这个游戏，另一个人就会被单独治疗，而这个玩家会被送走，理由是他没有做好接受治疗的准备。他仍然可以离婚，但代价是放弃"他真的在努力"这一立场。如果有必要，妻子可以提出离婚，她的立场得到了很大的改善，因为她真的努力了。人们期待的有利结果是，丈夫的游戏已经破裂，他将进入绝望状态，然后带着真正的动力到其他地方寻求治疗。

在它的日常形式中，很容易在孩子身上观察到，作为与一位家长的双人游戏。它是从两个立场中的一个来玩儿的："我是无能为力的"或"我是无可指摘的"。孩子试了试，但失败了或不成功。如果他无能为力，那位家长就得替他做。如果他是无可指摘的，父母就没有合理的理由惩罚他。这揭示了游戏的要素。家长们应该弄清楚两件事：他们中的哪一个教会了孩子这个游戏；他们正在做什么来延续这个游戏。

一个有趣但有时险恶的变体是"看看我过去有多么努力"，这通常是一个更难的第二或第三级别游戏。这一点可以通过一个患有胃溃疡的勤奋工作的人的案例来说明。有许多患渐进性身体疾病的人会尽其所能应对这种情况，他们可能会以正当的方式寻求家人的帮助。然而，这种疾病也可能被用于隐秘的目的。

第一级别：一个男人向他的妻子和朋友宣布他得了溃疡。他还让他们知道，他仍在继续工作。这引起了他们的钦佩。也许一个有痛苦和不愉快状况的人有权得到一定程度的炫耀，以此作为对他所受痛苦的可怜补偿。他应该得到应有的赞誉，因为他没有玩"假肢"，他应该得到一些奖励，因为他继续承担自己的责任。在这种情况下，对"看看我有多努力"的礼貌回答是："是的，我们都钦佩你的坚忍和认真。"

第二级别：男人被告知自己得了溃疡，却对妻子和朋友保守秘密。他继续像往常一样努力工作和担心，有一天他在工作中崩溃了。当他的妻子接到通知时，她立即得到了这样的信息："看看我已经有多努力了。"现在她应该像以前一样感激他，并为她过去说过的坏话和做过的坏事感到抱歉。简而言之，她现在应该爱他，而以前所有追求她的方法都失败了。不幸的是，对丈夫来说，在这一点上，她的爱和关怀的表现更多的是出于内疚，而不是爱。在内心深处，她可能会怨恨他，因为他对她使用了不公平的手段，还通过对自己的病情保密来不公平地利用她。简而言之，镶钻手镯是一种比穿孔的胃更诚实的求爱工具。她可以选择把珠宝扔回给他，但她不能体面地置溃疡于不顾。突然直面严重疾病更有可能让她感到被困住，而不是被赢取了真心。

这个游戏通常可以在病人第一次听说他有潜在的渐进性疾病后立即被发现。如果他要玩这个游戏，整个计划很可能会在那个时候闪现在他的脑海中，并且可以通过对情况的详细的精神病学回顾找回来。找回的是他的儿童在得知自己有这样一件武器时暗暗地幸灾乐祸，掩盖了成人对他的疾病带来的实际问题的担忧。

第三级别：更险恶和恶毒的是因为严重疾病而突然自杀。溃疡发展成癌症，有一天，妻子走进浴室，发现丈夫躺在那里死了，她从来没有被告知有什么严重的不对劲。字条上写得很清楚："看看我已经有多努力了。"如果这样的事情在同一个女人身上发生了两次，她是时候找出自己一直在玩什么了。

分析

做局：他们不能对我指手画脚。

目的：自证清白。

角色：坚守者、迫害者、权威。

心理动力：肛欲期被动性。

例子：（1）儿童着装。（二）配偶争取离婚。

社交范例：成人－成人。

成人："是（穿衣服）（去看心理医生）的时候了。"

成人："好的，我来试试。"

心理范例：父母－儿童。

父母："我要让你（穿上衣服）（去看心理医生）。"

儿童："看，这不管用。"

招数：

(1) 建议——抵制。

(2) 压力——顺应性。

(3) 认可——失败。

获益：

(1) 内在心理获益——免于对攻击行为的内疚感。

(2) 外在心理获益——逃避家庭责任。

(3) 内部社交获益——看看我已经有多努力了。

(4) 外部社交获益——相同。

(5) 生物获益——敌对的交流。

(6) 存在主义获益——我是无能为力的（无可指摘的）。

七、亲爱的

做局。这在婚姻团体治疗的早期阶段表现得最为明显，这时双方感到戒备心很重；在社交场合也可以观察到这一点。怀特巧妙地以逸事的形式对怀特夫人说了一句贬损的话，最后说："不是吗，亲爱的？"怀特夫人倾向于出于两个表面上看是**成人**的原因而同意：(1) 因为逸事本身的主要内容是被准确报道的，而对被描述为外围细节（但实际上是沟通的关键）的不同意见似乎是过于较真的；(2) 因为不同意一个人在公共场合称一个人为"亲爱的"似乎是粗鲁的。然而，她同意的心理原因是她的抑郁状态。她嫁给他正是因为她知道他会为她做这件事：暴露她的缺陷，从而使她免于不得不亲自揭露这些缺陷的尴尬。在她很小的时候，她的父母也以同样的方式照顾她。

仅次于"法庭",这是婚姻团体中最常见的游戏。局势越紧张,游戏越接近曝光,"亲爱的"这个词的发音就越痛苦,直到潜在的怨恨变得明显。仔细想一想,可以看出这是"笨手笨脚的人"的相关游戏,因为重要的招数是怀特夫人对怀特怨恨的含蓄原谅,她努力不去意识到怀特的怨恨。因此,反"亲爱的"类似于反"笨手笨脚的人":"你可以说一些贬损我的逸事,但请不要叫我'亲爱的'。"这种破局带来了与反"笨手笨脚的人"相同的危险。另一种更老练、更不危险的破局是:"是的,宝贝儿!"

在另一种形式中,妻子没有表示同意,而是用类似的"亲爱的"类型的逸事来回应丈夫,实际上是说:"亲爱的,你的脸上也有脏东西。"

有时这些亲切的称呼实际上并不发出声音,但细心的听众即使没有说出来也能听到它们。这是沉默型的"亲爱的"。

参考文献

[1] Bateson, G., et al., 'Toward a Theory of Schizophrenia', *Behavioral Science*, 1: 251-264, 1956.

第八章　聚会游戏

聚会是消遣的，消遣是聚会的（包括团体会议正式开始之前的那段时间），但随着熟人关系的成熟，游戏开始出现。"笨手笨脚的人"及其受害者能彼此识别，就像"大人物"（Big Daddy）和"可怜的我"（Little Old Me）可以相互识别一样；他们相互熟悉但都忽略了潜在的选择过程。本章讨论的是一般社交情境中的四种典型游戏："这难道不糟糕吗"（Ain't It Awful）、"瑕疵"（Blemish）、"笨手笨脚的人"（Schlemiel）和"你为什么不——是啊，但是"（Why Don't You-Yes But）。

一、这难道不糟糕吗

做局。有四种重要的形式：父母的消遣、成人的消遣、儿童的消遣和游戏。在消遣中，没有结局或回报，但是有很多"人间不值得"的感觉。

1. "现如今"（Nowadays）是一种自以为是、惩罚性的甚至恶毒的父母消遣方式。在社会学上，这种现象在一些中年女性中很常见，她们有着小额独立收入。这样一位女性在一个治疗团体中遇到沉默而不是她在社交圈习惯的热切回应时,便选择退出了。在这个更加成熟、习惯于游戏分析的团体中,当怀特说:"说起不信任人,现在你不能信任任何人也就不足为奇了。你绝对不会相信,我在一位租客的桌子抽屉里找到了一些什么东西。"她对当前大部分社区问题都有解决方案:青少年犯罪(如今家长太软弱了)、离婚(现在的妻子没有足够事情让她们忙碌)、犯罪(外国人搬进白人社区)、物价上涨(如今的商人太贪婪)。她明确表明,她对待自己的问题少年儿子和不守规矩的租户绝不手软。

"现如今"与无意义的八卦的区别在于它的口号"这并不奇怪"。开头的招数可能是一样的["他们说弗洛西·默加特罗伊德(Flossie Murgatroyd)……"],但在"现如今"中有方向和结尾;可能会提供一个"解释"。无聊的八卦只是泛泛而谈或逐渐结束。

2."破了皮"是**成人**版中更仁慈的一种,其口号是:"太遗憾了!"尽管潜在的动机同样是病态的。"破了皮"主要研究血液流动,本质上是一场非正式的临床讨论会。任何人都有资格陈述案件,越可怕越好,细节都会被热切地考虑。面部猛击、腹部手术和难产都是可以接受的话题。它和说闲话的差别在于参与者分享时的竞争性和外科医疗的复杂性。大家对病理解剖、诊断、预后和对照案例研究进行了系统的探讨。如果是说闲话,人们认可好的预后,但"破了皮"的消遣无法接受充满希望的预后前景,除非这种前景明显不真实,否则就会引起"资格审查委员会"秘密开会,因为他们发现这个玩家太不识相。

3."饮水机"或"咖啡休息"是**儿童**的消遣,标语是"看看他们现在对我们做了什么"。这是一个组织中的变体。它可能会在天黑后以较温和的政治或经济形式玩，称为"酒吧凳子"（Bar Stool）。它实际上是一个三人游戏，手中的王牌由通常被称为"他们"的神秘人物持有。

4. 作为一个游戏，"这难道不糟糕吗"多次在手术成瘾者身上得到了最戏剧性的表达，他们的沟通说明了它的特点。这些人是四处求医的人，即使面对合理的医学反对，他们也积极寻求手术。这一体验本身——住院和手术，带来了自己的获益。内在心理获益来自身体被肢解；外在心理获益在于避免一切亲密和责任，除了完全向外科医生投降。生物获益以护理照顾为代表。内部社交获益来自医务人员和护理人员，以及其他病人。在病人出院后，通过激起同情和敬畏来获得外部社交获益。在其极端形式下，这个游戏是由欺诈性的或下定决心的碰瓷者和不当行为索赔人专业玩的，他们可能通过故意或机会性地招致残疾来谋生。然后，他们不仅像业余玩家一样要求同情，还要求赔偿。然后，当玩家公开表示痛苦，但暗地里对他可以从不幸中获得满足的前景感到满意时，这就变成了一个游戏。

一般来说，遭受不幸的人可以分为以下三类。

1. 那些无意中遭受不需要的痛苦的人。这些人可能会也可能不会利用人们如此轻易地向他们提供的同情。有些剥削是很自然的，可能会受到一般礼遇的对待。

2. 那些无意中遭受痛苦的人，由于它提供了被剥削的机会，所以他们很感激这个机会的出现。在这里，游戏是事后的想法，是弗洛伊德意义上的"次级获益"。

3. 那些寻求痛苦的人，比如，多次手术成瘾者，从一个外科医生到另一个外科医生，直到他们找到一个愿意做手术的人。在这里，游戏是主要的考虑因素。

二、瑕疵

做局。这个游戏是日常生活中很大一部分小争执的根源；它是在抑郁的**儿童**状态下玩的，这种状态被保护性地转换为**父母**状态"他们不好"。那么，玩家的沟通问题就是为了证明后一种观点。因此，"瑕疵"玩家不会对一个新的人感到舒服，直到他们发现了他的瑕疵。在最困难的情况下，它可能会成为"威权"人物玩的极权主义政治游戏，然后可能产生严重的历史影响。在这里，它与"现如今"的密切关系是显而易见的。在郊区社会，人们会从玩"我做得怎么样"中得到积极的安慰，而"瑕疵"则提供了消极的安慰。部分分析将使这个游戏的一些要素变得更加清晰。

前提可能是最琐碎、最不相干的（比如"去年的帽子"），也有最愤世嫉俗的（比如"银行里没有7000美元"）、阴险的（"不是百分之百的雅利安人"）、深奥的（"没读过里尔克的书"）、亲密的（"无法持续他的勃起"），也有复杂的（"他想证明什么"）。从心理上讲，它通常建立在性不安全感的基础上，其目的是让人放心。在沟通方面，它有窥探、病态的好奇心或警觉，有时出于**父母**或**成人**的关心，善意地掩盖了**儿童**的兴趣。它具有防止抑郁的内在心理获益，以及回避可能暴露怀特自身瑕疵的亲密关系的外在心理获益。怀特觉得有理由拒绝一个不时髦的女人、一个没有经济支持的男人、一个非雅利安人、一个文盲、一个无能的男人或一个没有安全感的男人。与此同时，这种窥探提供了一些具有生物获益的内部社会行动。外部社交获益是"这难道不糟糕吗"的家庭－邻里类型。

有趣的是，怀特对前提的选择与他的智力或表面上的复杂程度无关。因此，一位在他的国家的外交事务中身居要职的人告诉听众，另一个国家是低等的，因为除了其他因素外，这些人穿的夹克袖子太长。在他的**成人自我状态**下，这个人相当有能力。只有在玩"瑕疵"这样的父母游戏时，他才会像个"笨手笨脚的人"一样提到这样无关紧要的事情。

三、笨手笨脚的人

做局。这个词并不是指沙米索（Chamisso）[1] 小说中那个没有影子的男主人公，而是一个流行的意第绪语词，与德语和荷兰语中"狡猾"的意思联系在一起。笨手笨脚的人的受害者，有点像保罗·德·科克（Paul de Kock）笔下"好脾气的家伙"[2]，俗称"倒霉蛋"。在一个典型的"笨手笨脚的人"游戏中，招数如下。

1W：怀特在女主人的晚礼服上洒了一杯威士忌。

1B：布莱克（男主人）最初的反应是愤怒，但他感觉到（通常只是模糊的），如果他表现出来，怀特就赢了。布莱克因此振作起来，这给了他一种获胜的错觉。

2W：怀特说："对不起。"

2B：布莱克低声说着或大喊着原谅，强化了他获胜的幻觉。

3W：然后，怀特继续对布莱克的财产造成其他损害。他打碎东西，打翻东西，搞各种乱七八糟的事情。在桌布被香烟烧焦、椅子腿穿过花边窗帘、地毯上洒了肉汁后，怀特的儿童很兴奋，因为他在执行这些程序时很开心，所有这些他都得到了原谅，而布莱克则表现出了令人欣慰的痛苦自控。因此，他们两人都从不幸的处境中受益，布莱克并不一定急于终止这段友谊。

和在大多数游戏中一样，怀特占尽先机，不管怎样都会赢。如果布莱克表现出他的愤怒，怀特可以觉得有理由报以怨恨。如果布莱克克制自己，怀特可以继续开心地干坏事儿。然而，这个游戏的真正回报是他获得原谅这一事实，而不是破坏的快乐，这只是怀特得到的额外奖励。

这直接通向了破局。

破局。通过不提供所要求的赦免来扮演反"笨手笨脚的人"的角色。在怀特说了"对不起"之后，布莱克没有低声说"没关系"，而是说"今晚你可以让我的妻子难堪，弄坏家具和地毯，但请不要说'对不起'"。在这里，布莱克从一个宽容的父母转变为一个客观的成人，他为一开始邀请了怀特参加聚会承担全部责任。

怀特玩游戏的激烈程度将从他的反应中可见一斑，这可能是相当爆炸性的。如果一个人扮演着反"笨手笨脚的人"的角色，那么他就有可能立即遭到报复，或者至少是树敌。

孩子们玩的"笨手笨脚的人"是一种失败的形式，他们并不总是会被原谅，但至少会享受弄得一团糟的乐趣；然而，当他们学会为人处世后，就能更加老练地在礼貌而成熟的社交圈中玩这个游戏，并达到此游戏最主要的目的——获得原谅。

分析

做局：我可以是破坏性的，但仍能得到宽恕。

目的：赦免。

角色：挑衅者、受害者(通俗地说，即笨手笨脚的人和糊涂蛋)。

心理动力：肛欲攻击性。

例子：

(1) 混乱的破坏性儿童。

(2) 笨手笨脚的客人。

社交范例：成人－成人。

成人："既然我有礼貌，你也要有礼貌。"

成人："没关系，我原谅你。"

心理范例：父母－儿童。

儿童："你必须原谅那些看似偶然的事情。"

父母："你说得对，我得让你知道什么是礼貌。"

招数：

(1) 挑衅——怨恨。

(2) 道歉——宽恕。

获益：

(1) 内在心理获益——捣乱的乐趣。

(2) 外在心理获益——逃避惩罚。

(3) 内部社交获益——"笨手笨脚的人"。

(4) 外部社交获益——"笨手笨脚的人"。

(5) 生物获益——挑衅，以及温和的安抚。

(6) 存在主义获益——我是无可指摘的。

四、你为什么不——是啊，但是

做局。"你为什么不——是啊，但是"在游戏分析中占有特殊的地位，最初正是受它的启发，才产生了游戏这一概念。它是第一个从社交情境中被抽离出来并进行分析的游戏。由于它是游戏分析最早的对象，所以对它的理解也是最透彻的。这也是在聚会和各种团体中最常见的游戏，包括心理治疗团体。下面的例子将用于说明它的主要特征。

怀特："我丈夫总是坚持自己来修家里的东西，但他从来没有把任何东西修好过。"
布莱克："他为什么不去上一下木工课呢？"
怀特："是啊，但是他没有时间。"
布鲁："你为什么不给他买几样好点儿的工具呢？"
怀特："是啊，但他不知道怎么用。"
瑞德："你为什么不请个木匠来修呢？"
怀特："是啊，但那太贵了。"
布朗："你为什么不接受他这样的方式呢？"
怀特："是啊，但这样的话总有一天整栋房子都会塌下来。"

在这样的交流之后，通常会出现沉默。最终，格林打破了这一沉默，她可能会说："男人们都是这个德行，总是试图展示他们有多能干。"

玩"你为什么不——是啊，但是"的人数不限。发起者提出了一个问题。其他人则开始提出解决方案，每个方案都以"你为什么不……"开头。对此,怀特每次都会以"是啊,但是……"做出反对。一个好的玩家可以无限期地回绝其他玩家,直到他们都放弃,于是怀特赢了。在许多情况下,她可能不得不处理十几个或更多的解决方案来达成垂头丧气的沉默——这标志着她的胜利,这为上述范例中的下一场游戏留出了空间,格林转而玩失职的丈夫型"家长会"。

由于除了极少数例外,解决方案都被拒绝了,很明显,这个游戏肯定是为了某种不可告人的目的。玩"你为什么不——是啊,但是"不是为了表面上的目的(**成人**寻求信息或解决方案),而是为了安抚和满足**儿童**。一份没有语气语调的逐字稿可能听起来像**成人**,但在真实场景中可以观察到,怀特把自己描绘成一个不足以应对这种状况的**儿童**;于是其他人变成了睿智的**父母**,急于为了她好而提供他们的智慧。

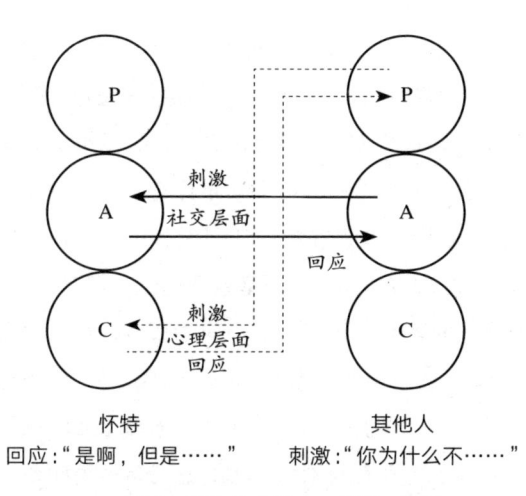

图 8　你为什么不——是啊,但是

这一点如图 8 所示。这个游戏之所以可以继续，是因为在社交层面上，刺激和回应都是**成人**对**成人**的；在心理层面上，它们也是互补的，**父母**对儿童的刺激（你为什么不……）引发儿童对**父母**的回应（是啊，但是……）。双方的心理层面通常都是无意识的，但警觉的观察者通常可以从姿势、肌肉张力、声音和用词的变化中，察觉到自我状态的变化（怀特从**成人**到"能力不足"的**儿童**，其他人从**成人**到"智慧"的**父母**）。

为了说明它的含义，顺着上面给出的例子往下进行是有指导意义的。

心理医生："有没有人给你提过什么你没有想到的建议？"

怀特："不，他们没有。事实上，他们建议的我几乎都试过了。我确实给我丈夫买了一些工具，他也上了一门木工课程。"

怀特在这里展示了不应以表面价值看待活动过程的两个原因。首先，在大多数情况下，怀特和其他在座的任何人一样聪明，其他人不太可能提出任何她自己没有考虑到的解决方案。如果有人碰巧提出了一个原创的建议，如果怀特内心坦荡，她会感激地接受它；也就是说，如果在场的任何人有足够巧妙的想法来刺激她的**成人**，她的"能力不足"的**儿童**就会让位。但"你为什么不——是啊，但是"的习惯性玩家，如上面的怀特，很少内心坦荡。另一方面，过于欣然接受建议引发了一个问题，即"你为什么不——是啊，但是"是否掩盖了一种潜在的"愚蠢"（Stupid）游戏。

给出的例子特别有戏剧性，因为它清楚地说明了第二点。即使怀特真的尝试了一些解决方案，她仍然会反对。这个游戏的目的不是得到建议,而是拒绝它们。

虽然几乎每个人都会因为它的时间结构价值在适当的环境下玩这个游戏,但对特别喜欢它的人的仔细研究揭示了几个有趣的特征。首先,他们能够并愿意以同等的才能扮演游戏的任何一方。这种角色的转换在所有游戏中都是真实的。玩家可能习惯性地喜欢一个角色而不是另一个角色,但他们有转换的能力,如果有必要,他们愿意在同一个游戏中扮演任何其他角色(比方说,在"酗酒者"的游戏中,从酗酒者变成了拯救者)。

其次,在临床实践中,人们发现喜欢"你为什么不——是啊,但是"的人属于这样一类病人,他们最终要求催眠或某种催眠性的内摄作为一种加速治疗的方法。当他们玩这个游戏时,他们的目的是证明没有人能给他们一个可以接受的建议——他们永远不会屈服;而对于治疗师,他们要求一个程序,使他们处于完全屈服的状态。因此,很明显,"你为什么不——是啊,但是"代表着一种关于冲突的屈服的社会解决方案。

更具体地说,这个游戏在害怕脸红的人中很常见,正如下面的治疗性交流所展示的那样。

心理医生:"你为什么玩'你为什么不——是啊,但是'这个游戏呢,如果你知道这是个骗局?"

怀特:"如果我和某人说话,我必须不断想着要说的话。如果我不这样做,我会脸红的,除了在黑暗中。我不能忍受沉默。我知道,我丈夫也知道。他总是这样告诉我。"

治疗师:"你的意思是,如果你的成人不能一直忙,你的儿童就会趁机突然出现,让你感到难堪?"

怀特:"就是这样。所以如果我能继续给某人提建议,或者让他给我提建议,那我就没事了,我受到了保护。只要我能一直让我的成人掌控局面,我就可以推迟尴尬。"

怀特在这里清楚地表明,她害怕没有结构的时间。只要她的**成人**在社交场合保持忙碌,游戏为**成人**的功能提供了合适的结构,她的**儿童**就不会出来丢人现眼。但为了保持她的兴趣,游戏必须有适当的动机。她选择"你为什么不——是啊,但是"是受经济原则影响的:对于她的**儿童**在屈服方面的冲突,它产生了最大的内部和外部获益。她既可以扮演不受支配的机智儿童,也可以扮演试图支配其他人身上的儿童但失败的睿智**父母**。由于"你为什么不——是啊,但是"的基本原则是不接受任何建议,所以**父母**永远不会成功。这个游戏的座右铭是:"不要惊慌,父母从来不会成功。"

总而言之,对怀特来说,每一个招数都是有趣的,拒绝建议本身也带来了一点乐趣,但真正的回报是,当其他所有人绞尽脑汁,厌倦了试图寻找可接受的解决方案时,随之而来的沉默或对沉默的掩饰。这对怀特以及其他人来说,意味着她已经赢了,因为她证明了他们是能力不足的。如果沉默不被掩饰,可能会持续几分钟。在这个范例中,格林缩短了怀特的胜利,因为她渴望开始自己的游戏,这就是她不能加入怀特的游戏的原因。在心理治疗的晚些时候,怀特表达了她对格林缩短了她的胜利时刻的怨恨。

"你为什么不——是啊,但是"另一个奇怪的特点是,外部和内部游戏的玩法完全相同,只是角色互换。在外部形式中,临床上观察到的一种形式，怀特的**儿童**出来扮演多人游戏情境下能力不足的求助者的角色。在内部形式中，她的父母在家里和丈夫玩更亲密的双人游戏，作为明智、高效的建议者出现。然而，这种反转通常是次要的，因为在求爱期间，她扮演无助的儿童的一面，只有在蜜月结束后，她专横的父母才开始露面。婚礼临近时可能会露出一些马脚，但她的未婚夫会忽视这些，因为他急于与精心挑选的新娘安顿下来。如果他不忽视这些，订婚可能会因"充分的理由"被取消，怀特虽然更悲伤，但并没有吸取教训，她将继续寻找合适的伴侣。

破局。很明显，那些对怀特的第一个举动——提出她的"问题"——做出回应的人，是在玩某种形式的"我只是想帮你"。事实上，"你为什么不——是啊，但是"与"我只是想帮你"恰好相对。在"我只是想帮你"中，有一名治疗师和许多来访者；在"你为什么不——是啊，但是"中，有一名来访者和许多"治疗师"。因此，"你为什么不——是啊，但是"在临床上的破局是不玩"我只是想帮你"。如果开场白是这样的："如果……你会怎么做？"建议治疗师这样回答："这是一个很难解决的问题。你打算怎么做？"如果开场白是"某某问题没有解决"，那么回答应该是"这太糟糕了"。这两种回答都很有礼貌，让怀特无所适从，或者至少引发了一次交叉沟通，这样她的挫折感就会变得明显起来，然后就可以被挖掘出来。在治疗团体中，容易受影响的病人在被邀请时避免玩"我只是想帮你"是一种很好的做法。那么，不仅怀特，而且其他成员也可以向反"你为什么不——是啊，但是"学习，这只是反"我只是想帮你"的另一面。

在社交场合，如果游戏是友好和无害的，就没有理由不参与。

如果玩家试图引出具有专业知识的建议，可能需要采取破局的招数；但在这种情况下，这会因为暴露了怀特的儿童而引起怨恨。在这种情况下，最好的策略是逃离开局，寻找一场刺激的游戏玩，比如，第一级别的"挑逗"。

相关游戏。"你为什么不——是啊，但是"必须与"你为什么那样做——我也不想，但是"（Why Did You – No But）区别开来，在后者中，获胜的是父母，而最终在困惑中退却的是防御性的儿童，尽管简单的文字记录听起来可能是真实的、理性的、成人－成人的。"你为什么那样做——我也不想，但是"与"此外"密切相关。

最初，"你为什么那样做——我也不想，但是"的反转类似于"乡下人"（Peasant）。在这里，怀特引诱治疗师给出了建议，她立即接受了，而不是拒绝。只有在他深陷其中后，他才意识到怀特是在攻击他。看起来像"乡下人"的东西，最终变成了一个智力上的"挑逗"游戏。它的经典版本是在正统精神分析过程中，从积极移情到消极移情的转变。

"你为什么那样做——我也不想，但是"也可能会以第二级别更为激烈的形式来玩，比如，"为我做点儿什么"（Do Me Something）。例如，病人拒绝做家务，当丈夫回家时，每天晚上都有一场"你为什么那样做——我也不想，但是"游戏。但无论他说什么，她都闷闷不乐地拒绝改变自己。在某些情况下，情绪消沉可能是恶性的，需要仔细的精神评估。然而，游戏方面也必须被考虑，因为它提出了为什么丈夫选择这样一个配偶，以及他如何为维持这种情况做出贡献的问题。

分析

做局：看看你能不能提出一个我找不到的解决方案。

目的：获得安心。

角色：无助者、指导者。

心理动力：关于屈服与否的冲突（口欲期）。

例：

(1) 是的，但我现在不能做作业，因为……

(2) 无助的妻子。

社交范例：成人－成人。

成人："如果……你会怎么做？"

成人："你为什么不呢？"

成人："是啊，但是……"

心理范例：父母－儿童。

父母："我可以让你感激我的帮助。"

儿童："来试试吧。"

招数：

(1) 问题——解决方案。

(2) 反对——解决方案。

(3) 反对——不安。

获益：

(1) 内在心理获益——安心。

(2) 外在心理获益——避免屈服。

(3) 内部社交获益——"你为什么不——是啊，但是——"，父母角色。

(4) 外部社交获益——"你为什么不——是啊，但是——"，儿童角色。

（5）生物获益——理性讨论。

（6）存在主义获益——每个人都想支配我。

参考文献

[1] von Chamisso, Adelbert, Peter Schlemiel, Calder, 1957.

[2] 保罗·德·柯克（de Kock, Paul）。这位 19 世纪剧作家和小说家最受欢迎的作品之一是《好脾气的家伙》（*A Good-Natured Fellow*），讲述了一个付出太多的人的故事。

第九章　性游戏

有些游戏的目的是摆脱性冲动。这些实际上是对性本能的扭曲,在这些游戏中,满足感从性行为转移到构成游戏回报的关键沟通上。这并不总是令人信服,因为这样的游戏通常是在私密的情况下进行的,因此关于它们的临床信息必然是二手的,而且信息提供者的偏见并不总是能得到令人满意的评估。例如,关于同性恋的精神病学概念是严重扭曲的,因为更具攻击性和成功的"玩家"通常不会来接受精神科治疗,而且可以获得的材料大多与被动的伴侣有关。

这里包括的游戏有:"跟他打一架"(Let's You and Him Fight)、"性变态"(Perversion)、"挑逗"(Rapo)、"丝袜游戏"(Stocking Game)和"大吵一架"。在大部分情况下,游戏的主角是一名女性。这是因为在最激烈的性游戏中,男性将濒临实施甚至已经实施犯罪行为,所以那一类游戏归入黑社会游戏更合适。另一方面,性游戏和婚姻游戏部分存在重叠,但本章所描述的性游戏对未婚人士和已婚伴侣都适用。

一、跟他打一架

做局。这可能是一种伎俩、一种仪式或一个游戏。无论哪种情况,其本质都具有女性的心理特征。由于其戏剧性的品质,"跟他打一架"是世界上许多文学的基础,无论这些作品的质量好坏。

1. 作为一种伎俩,它是浪漫的。女人操纵或激起两个男人打架,暗示或承诺她将任由胜利者摆布。在胜负已分之后,她兑现了承诺。这是一笔诚实的买卖,据推测,她和她的伴侣从此幸福地生活在一起。

2. 作为一种仪式,这往往是一场悲剧。习俗要求这两个男人为她而战,即使她不想让他们争斗,即使她已经做出了选择。如果错误的男人赢了,她仍然必须接纳他。在这种情况下,是社会而不是这位女性安排了这场争斗。如果她愿意,那么这中间的沟通是诚实的。如果她不愿意或失望,结果可能会给她提供相当大的空间来玩游戏,比如,"让我们来戏弄乔伊一把"(Let's Pull A Fast One on Joey)。

3. 作为一个游戏,它是喜剧的。一位女性安排好了竞争,当两个男人打架时,她带着第三个男人离开了。她和她的伴侣的内在和外在心理获益来自"只有傻瓜才公平竞争"的立场,他们经历的喜剧故事构成了内部和外部社会获益的基础。

二、性变态

做局。异性恋性变态,如恋物癖、施虐癖和受虐癖等,是困惑儿童的症状，可以得到相应的治疗。然而，他们的沟通方面，如在实际的性行为中所表现的，可以通过游戏分析的方式来处理。游戏分析可以使病人对自身行为有所控制，因此即使扭曲的性冲动保持不变，也不会有现实中的放纵。

患有轻微施虐或受虐障碍的人，倾向于采取一种原始的"心理健康"立场。他们觉得自己的性欲很强，而长期禁欲会导致严重的后果。这两个结论都不一定是真的，但它们构成了一个"假肢"游戏的基础，理由是："像我这样性欲如此强烈的人，你还能指望我怎么样呢？"

破局。对自己和伴侣表现出普通的礼貌；也就是说，避免言语或身体上的鞭打，而把自己限制在更传统的性交形式上。如果怀特是一个真正的变态，这将暴露出游戏的第二个元素，这经常在他的梦中清楚地表达出来：他对性交本身没有什么兴趣，他真正的满足感来自羞辱性的前戏。这是他可能不愿意向自己承认的事情。但现在他会清楚地知道，他的抱怨是："所有这些我都做完了，但是我还得性交！"在这一点上，对特定的心理治疗来说，情况要有利得多，因为不再有许多狡辩和回避。这适用于实践中常见的"性心理变态者"（sexual psychopaths），而不适用于恶性精神分裂症或犯罪的性变态，也不适用于那些将性行为限制在幻想中的人。

在许多国家，同性恋游戏已经成为一种亚文化，就像它在其他国家被仪式化一样。因为把同性恋变成了一个游戏，所以许多问题由此产生。引发"警察和强盗"（Cops and Robbers）、"为什么总是我"、"这就是我们生活的社会"（It's the Society We Live In）和"所有伟大的人都曾"（All Great Men Were）等游戏的挑衅行为，如果可以得到社会控制，便能将不利因素降至最低。"职业同性恋者"浪费了大量的时间和精力，而这些时间和精力本可以用在其他方面。对他所玩游戏的分析，可以帮助他建立一个安稳的家庭，让他自由地享受资产阶级社会提供的好处，而不是全身心地玩他自己的"这难道不糟糕吗"的变体。

三、挑逗

做局。这是一个男人和一个女人之间玩的游戏，更礼貌的叫法可能是"滚开"（Kiss Off）或"愤怒"，至少在更温和的形式上是这样。该游戏可以根据激烈程度分为不同级别。

第一级别的"挑逗"，或"滚开"，在社交聚会上很受欢迎，基本上是温和的调情。怀特示意她有空，并从男人的追求中获得了快乐。一旦她做出了承诺，游戏就结束了。如果她彬彬有礼，她可能会很坦率地说"我感谢你的赞美，非常谢谢你"，然后继续下一个征服。如果她不那么慷慨，她可能会干脆离开他。一个熟练的玩家可以通过频繁地在大型社交聚会上走动，让这个游戏持续很长时间，这样一来，男人们不得不使用更为复杂的策略，来不着痕迹地追求她。

在第二级别的"挑逗"或"愤怒"中，布莱克的搭讪追求给怀特带来的只是次要的满足。她的主要满足感来自拒绝他，所以这个游戏也被俗称为"走开，浑蛋"（Buzz Off, Buster）。她将布莱克带入了比第一级挑逗温和的调情更严肃的承诺，并喜欢看他被她拒绝时的尴尬。当然，布莱克并不像看起来那么无助，他可能已经费了很大劲才把自己卷入其中。通常，他玩的是某种变体的"来打我啊"。

第三级别的"挑逗"是一种恶毒的游戏，最终会导致谋杀、自杀或上法庭。在这里，怀特带领布莱克进行了一定程度的身体接触，然后声称他进行了刑事侵犯，或者给她造成了不可弥补的损害。以其最愤世嫉俗的形式，怀特实际上可能会允许他完成性行为，这样她就可以在与他对峙之前获得那种享受。这种对峙可能立即发生，如哭诉他强奸；也可能延迟很久才发生，如跟他偷情一段时间后实施自杀或谋杀。如果她选择把这当作一起刑事侵犯，她可能会毫不费力地找到唯利是图或病态的盟友，如媒体、警察、顾问和亲属。然而，有时这些外来者可能会愤世嫉俗地背叛她，使她失去主动权，成为他们游戏中的工具。

在某些情况下，局外人发挥着不同的作用。他们强迫一个不情愿的怀特玩这个游戏，因为他们想玩"让你跟他打起来"。他们把她置于这样的境地之中：为了保全她的面子或名誉，她不得不哭喊被强奸。这种情况尤其容易发生在未达到法定同意年龄的女孩身上；她们可能非常愿意继续交往，但因为被人发现或被借题发挥，她们觉得有必要将这段罗曼史变成一场第三级别的挑逗游戏。

有一个著名的例子，机警的约瑟（Joseph）不受波提乏（Potiphar）的妻子引诱，拒绝进入"挑逗"游戏。随后，她做出了经典的转换，转而玩"让你跟他打起来"游戏。这是一个很好的例子，说明了顽固的玩家对破局的反应方式，以及会让拒绝玩游戏的人陷入的危险。这两个游戏结合在了著名的"仙人跳"中，在这个游戏中，女人勾引布莱克，然后哭喊被强奸，这时她的丈夫出面，并以勒索的目的辱骂布莱克。

最不幸和最严重的第三级别"挑逗"形式之一，相对频繁地发生在同性恋陌生人之间，他们可能在大约一小时的时间内将游戏带到杀人的地步。报纸上那耸人听闻的新闻报道有很多都是这一游戏各种恶性且涉及犯罪的变体。

"挑逗"的童年原型与"性冷淡的女人"相同，小女孩引诱男孩羞辱自己或将自己弄脏，然后嘲笑他。正如毛姆在《人性的枷锁》中所描述的那样，正如狄更斯在《远大前程》中已经指出的那样。这是第二级别。在治安很差的街区，这可能会演变为更激烈的、接近第三级别的"挑逗"游戏。

破局。一个人是否有能力避免卷入这个游戏或控制它，取决于他在游戏中区分真实情感表达和招数的能力。一方面，如果他能够施加社会控制，他可能会从轻柔的"滚蛋"调情中获得极大的快乐。另一方面，很难找到好的方法来应对像波提乏的妻子这样的伎俩，最好就是趁还来得及赶紧开溜，不要留下任何联系方式。1938年，作者在阿勒颇遇到了一位年迈的"约瑟"，他32年前离开了君士坦丁堡，当时苏丹的一位夫人在伊尔迪兹后宫的一次商务访问中将他逼到了绝境。他不得不放弃他的店铺，带上所有财产离开，从此再也没有回去过。

相关游戏。众所周知，"挑逗"的男版在商业场合臭名昭著："选角沙发"（Casting Couch）（然后她没有得到那个角色）和"亲密依偎"（Cuddle Up）（后来她被解雇了）。

分析

下面的分析指的是第三级别"挑逗"，因为在那里游戏的元素被更戏剧化地展示出来。

目的：恶意复仇。

角色：狐狸精、色狼。

心理动力（第三级别）：阴茎嫉妒，口欲期暴力。"滚开"是生殖器期的，而"愤怒"则有强烈的肛欲期成分。

例子：

（1）我要告发你，你这个肮脏的小男孩。

（2）受委屈的女人。

社交范例：成人－成人。

成人（男性）："如果我做得超出了你的预期，我很抱歉。"

成人（女性）："你侵犯了我，你必须承担全部惩罚。"

心理学范例：儿童－儿童。

儿童（男）："看看我有多具有诱惑力。"

儿童（女）："现在我抓到你了，你这个浑蛋。"

招数：

（1）女性：引诱。男性：反引诱。

（2）女性：屈服。男性：胜利。

（3）女性：对抗。男性：崩溃。

获益：

（1）内在心理获益——表达仇恨和投射内疚感。

（2）外在心理获益——回避充满柔情的性亲密。

（3）内部社交获益——"现在我抓到你了，你这个浑蛋"。

（4）外部社交获益——"这难道不糟糕吗""法庭""让你跟他打起来"。

（5）生物获益——性交，敌意的交流。

(6) 存在主义获益——我是无可指摘的。

四、丝袜游戏

做局。这是属于"挑逗"家族的游戏，其中最明显的特征是表现癖，本质上是歇斯底里的。一个女人来到一个陌生的团体，过了很短的时间，抬起腿，以一种挑衅性的方式暴露了自己，说："哦，天哪，我要走光了。"这是为了激起男性的性欲，并激怒其他女性。当然，怀特的任何对抗都会遇到无罪断言或反驳，因此与经典的"挑逗"很相似。值得注意的是怀特缺乏适应能力。她很少等着找出她在和什么样的人打交道，或者如何安排她的行动。因此，这显然是不合适的，并影响了她与同事的关系。尽管表面上显得"老练"，但她无法理解生活中发生了什么，因为她对人性的判断太愤世嫉俗了。目的是证明其他人有好色之心，而她的**成人**被她的**儿童**和她的**父母**（通常是一个好色的母亲）欺骗，无视她自己的挑衅和她遇到的许多人的善意。因此，这个游戏往往是自我毁灭的。

这可能是游戏的生殖器期变体，其内容取决于潜在的心理疾病。病理较深、乳房发育良好的女性可能会表现出一种"口欲期"变体。这类女性通常将手放在头后坐着，以便将乳房向前推；她们可能会通过评论它们的大小或一些病理情况（如手术或肿块）来引起额外的注意。某些类型的扭来扭去可能构成了一种肛欲期变体。这个游戏的含义是，这个女人是容易弄上床的。因此，失去丈夫的女性可能会以一种更具象征意义的形式玩这个游戏，她们不真诚地"卖弄"自己的寡妇身份。

破局。除了较差的适应能力，这些女性对破局几乎没有耐受性。例如，如果游戏被老练的治疗团体忽视或反击，她们可能就不会回来了。在这个游戏中，必须仔细区分破局和报复，因为后者意味着怀特赢了。在"丝袜游戏"中，女性比男性更善于反击，男性确实没有什么动力来破坏这个游戏。因此，破局最好留给在场的其他女性自行决定。

五、大吵一架

做局。经典的游戏是在专横的父亲和十几岁的女儿之间进行的，同时还有一个性压抑的母亲。父亲下班回家，对女儿吹毛求疵，而女儿却无礼地回答，或者由女儿开始游戏的第一个步骤，在父亲面前表现得无礼，于是父亲进行责难。他们的声音提高了，冲突变得更加尖锐。结果取决于谁掌握了主动权。有三种可能性：（1）父亲回到自己的卧室，砰的一声关上门；（2）女儿回到卧室，砰的一声关上门；（3）两人都回到各自的卧室，砰的一声关上门。无论如何，"大吵一架"游戏的标志性结局都是"砰"地摔门。"大吵一架"为某些家庭的父亲和十几岁的女儿之间出现的性问题提供了一个令人痛苦但有效的解决方案。通常情况下，他们只能在彼此生气的情况下才能住在一起，而摔门对他们每个人来说，都强调了他们有独立的卧室这一事实。

在问题更严重的家庭中，这种游戏可能是以一种险恶和令人厌恶的形式进行的，每当女儿外出约会时，父亲就等着她，在女儿回来时，父亲仔细检查她和她的衣服，以确保她没有发生性关系。最轻微的可疑情况都可能引发最激烈的争吵，最终可能是女儿在半夜被赶出家门。从长远来看，一切都会自然发生——如果不是当晚，那就是下一晚，或者是再下一晚。然后，父亲的怀疑就是"合理"的，就像他告诉母亲的那样，而母亲始终"无助"地袖手旁观，眼睁睁地看着所有一切发生。

然而，一般而言，任何两个试图避免性行为的人之间都可能会出现"大吵一架"。它是"性冷淡的女人"最为常见的结尾。十几岁的男孩和他们的女性亲戚之间的这种情况相对较少，因为十几岁的男孩比家里其他成员更容易在晚上逃出房子。在较小的年龄，兄弟姐妹可以通过肢体战斗建立有效的障碍和部分满足，这种模式在不同年龄有不同的动机。在美国采取的是一种被电视、教育和儿科当局批准的半仪式性的"大吵一架"形式。在英格兰上流社会，它被（或曾被）认为是不好的形式，相应的能量被引导到训练有素的运动场上的"大吵一架"中。

破局。这个游戏并不像父亲想象的那样令人反感，通常是女儿通过早婚（一般是草率的或被迫的）进行破局。如果心理上可能的话，母亲可以通过放弃她的相对或绝对的冷漠进行破局。如果父亲发现了外在的性兴趣，游戏可能会平息下来，但这可能会导致其他复杂的情况。就已婚夫妇而言，破局和"性冷淡的女人"或"性冷淡的男人"是一样的。

在适当的情况下，"大吵一架"会自然而然地进入"法庭"。

第十章 黑社会游戏

随着"助人为乐"的职业渗透到法院、缓刑部门和惩教机构，随着犯罪学家和执法人员的日益成熟，相关人员应该意识到黑社会中流行的更常见的游戏，无论是在监狱里还是在监狱外。其中包括"警察和强盗"（Cops and Robbers）、"怎样才能离开这儿"（How Do You Get Out of Here）和"让我们来戏弄乔伊一把"（Let's Pull a Fast One on Joey）。

一、警察和强盗

做局。由于许多罪犯都是憎恶警察的人，他们似乎从智取警察中获得的满足感与从犯罪所得中获得的满足感一样多，甚至更多。在成人层面，他们的罪行是为了物质回报而玩的游戏；但在儿童层面，他们为的是追逐的刺激：逃之夭夭，逍遥法外。

奇怪的是，"警察和强盗"的童年原型不是警察和强盗，而是捉迷藏，其中最重要的元素是被发现时的懊恼。年幼的孩子很容易流露出这一点。如果父亲太容易找到他们，他们只会感到懊恼，没有太多的乐趣可言。但父亲，如果他是一名好玩家，知道该怎么做：他犹豫了，然后小男孩通过喊叫、掉东西或敲打给他一个提示。因此，他强迫父亲找到他，但仍然表现出懊恼；这一次，由于增加了悬念，他获得了更多的乐趣。如果父亲放弃，男孩通常会感到失望，而不是胜利。躲起来让人找不到本身就充满乐趣，小男孩显然不是因为这个失望。令他失望的是没有被抓到。当轮到他躲起来的时候，父亲知道他不应该寻找小男孩太长的时间，只要足够让他开心就行了；当他被抓住时，如果他足够聪明的话，他会看起来很懊恼。我们很快就可以发现，被找到才是这个游戏必要的回报。

因此，捉迷藏不只是一种消遣，而是一种真正的游戏。在社交层面，这是一场斗智斗勇，最令人满意的是每个玩家的**成人**尽其所能；然而，在心理层面，它就像强迫性赌博一样，其中怀特的**成人**必须输才能让他的**儿童**赢。不被抓住实际上是破局。在年龄较大的孩子中，找到一个无法找到的藏身之处被认为是一个输不起的人，因为他破坏了这个游戏。他取消了**儿童**元素，并将整个过程变成了**成人**程序。他不再是为了好玩而玩。他与赌场老板或一些职业罪犯处于同一阶层，这些人实际上是为了钱而不是为了乐趣。

似乎有两种截然不同的习惯性罪犯：一种主要是为了牟利，另一种是主要为了游戏——还有很大一部分群体处于二者之间，他们身上两种情况都会出现。"非赢不可的人"总能大赚一笔，他们的**儿童**不想被抓住，而根据报道来看，他们也确实很少被抓住。他是一个不受惩罚的人，对他来说，总有办法脱身。另一方面，在玩"警匪"的"强迫症输家"中，他们很少在财务上做得很好。这方面的例外似乎往往是由于运气而不是技能；从长远来看,即使是幸运的人,最终也往往会像他们的**儿童**所要求的那样,大声抱怨而不是意气风发。

我们在这里关注的"警匪"玩家,在某些方面很像酗酒者。他可以将角色从强盗转换为警察,也可以从警察转换为强盗。在某些情况下,他可能在白天扮演**父母**警察,在天黑后扮演**儿童**强盗。在很多"强盗"中会有一个"警察",在很多"警察"中也会有一个"强盗"。如果罪犯"改过自新",他可能扮演拯救者的角色,成为一名社会工作者或传教士;但在这个游戏中,拯救者的重要性远远没有在"酗酒者"中那么重要。然而,通常情况下,玩家作为强盗的角色是他的命运,每个人都有让自己被抓到的作案手法。他可能会让警察的处境变得艰难或轻松。

赌徒的情况与此类似。在社交或社会学层面上,"职业"赌徒是指生活中主要兴趣是赌博的人。但在心理层面上,有两种不同的人是职业赌徒。有些人把时间花在游戏上,也就是玩弄命运,在这些人中,**成人**对胜利的渴望被**儿童**对失败的渴望所超越。然后是那些经营赌场的人,他们确实通过为玩家提供玩游戏的机会来谋生,通常是非常好的谋生方式;他们自己不玩,并试图避免玩,尽管偶尔在某些环境下,他们会放纵自己并享受赌博,就像一个真正的罪犯偶尔会玩一场"警匪"游戏一样。

这揭示了为什么对罪犯的社会学和心理学研究通常是模棱两可和毫无成效的:他们处理的是两种不同类型的人,他们在普通的理论或经验框架中无法得到充分的区分。在研究赌徒时也是如此。沟通分析和游戏分析为这一问题提供了直接的解决方案。通过分析他们在社会层面的沟通,来区分"玩家"和"真正的专业人士"。

现在让我们从这个一般性的论点转向考虑具体的例子。有些窃贼干活时不做任何浪费动作。"警察和强盗"中的窃贼留下了他的名片，进行了无端的破坏行为，比如，用分泌物和排泄物损坏了贵重的衣服。据报道，真正的银行抢劫犯采取一切可能的预防措施避免暴力；"警匪"游戏中的银行抢劫犯只是在寻找发泄愤怒的借口。像任何专业人员一样，真正的罪犯喜欢尽可能干净利落地干活儿。这名"警匪"游戏中的罪犯在工作过程中感到必须发泄。据说，真正的专业人士在万事俱备前绝不会动手，玩家却愿意赤手空拳地面对法律。真正的专业人士以他们自己的方式很好地意识到"警匪"游戏，如果一个帮派成员对游戏表现出太多的兴趣，以至于危及工作，特别是如果他被抓到的需求开始出现的话，他们会采取严厉的措施来防止这种情况再次发生。也许正是因为真正的专业人士不玩"警匪"游戏，所以他们很少被抓到，所以在社会学、心理学和精神病学上很少被研究；这也适用于赌徒。因此，我们关于罪犯和赌徒的大多数临床知识都是针对玩家的，而不是针对真正的专业人士的。

偷窃癖（与职业商店扒手相反）是小打小闹的"警匪"游戏非常普遍的一个例子。很可能，至少有很大比例的西方人在幻想中玩过"警匪"游戏，这就是我们这边的报纸畅销的原因。这种幻想经常发生在"完美谋杀"这一形式上，这是在玩最艰难的游戏，即完全智取警察。

"警匪"的变体是"审计师和强盗"，由贪污者来玩，规则相同，回报相同；"海关和强盗"，由走私者扮演；等等。特别有趣的是"法庭"的犯罪变体。尽管他采取了所有的预防措施，但这名专业人士偶尔会被逮捕并受审。对他来说，"法庭"是一种程序，他是根据法律顾问的指示进行的。对律师来说,如果他们是强迫性的赢家,"法庭"本质上是一种与陪审团玩的游戏,其中的目的是赢而不是输,这被很大一部分人视为一种建设性的游戏。

破局。这是具有相应资质的犯罪学家而不是精神科医生所关心的。警察和司法机关并不具备破局性,而是在社会建立的规则下在游戏中发挥自己的作用。

然而,有一件事应该强调。犯罪学的研究人员可能会开玩笑说,一些罪犯的行为就像他们喜欢追逐并想被抓住一样,或者他们可能会读到这个想法,并以一种恭敬的方式表示同意。但他们几乎没有表现出倾向于认为这样的"学术"因素在他们的"严肃"工作中是至关重要的。首先,没有办法通过心理学研究的标准方法来揭开这个因素的面纱。因此,研究人员肯定会忽视这个关键点,因为他不能用他的研究工具来处理它,除非更换他的工具。事实是,到目前为止,这些工具还没有为犯罪学中的任何问题产生一个单一的解决方案。因此,研究人员最好抛弃旧方法,重新解决这个问题。在"警匪"游戏不仅被认为是一种有趣的反常现象,而且在相当大比例的案件中被视为问题的核心之前,犯罪学的许多研究将继续处理琐碎的、教条的、边缘的或无关的问题[1]。

分析

做局:看看你能不能抓住我。

目的:让人放心。

角色:强盗、警察(法官)。

心理动力:生殖器侵入。

例如：

（1）捉迷藏，捉人游戏。

（2）犯罪活动。

社交范例：父母－儿童。

儿童："看你能不能抓到我。"

父母："那是我的工作。"

心理范例：父母－儿童。

儿童："你必须抓住我。"

父母："啊哈，抓着你了。"

招数：

（1）怀特：挑衅。布莱克：愤慨。

（2）怀特：隐藏。布莱克：受挫。

（3）怀特：挑衅。布莱克：胜利。

获益：

（1）内在心理获益——为过去的错误获得物质补偿。

（2）外在心理获益——反恐惧症的。

（3）内部社交获益——看你能不能抓到我。

（4）外部社交获益——我差点儿逃脱惩罚（消遣：他们差点儿逃脱惩罚）。

（5）生物获益——声名狼藉。

（6）存在主义获益——我一直是个失败者。

二、怎样才能离开这儿

做局。历史证据表明，那些通过活动、消遣或游戏来安排时间的囚犯生存得最好。这显然是政治警察所熟知的，据说他们只是通过保持囚犯不活动和处于社交剥夺状态来让一些囚犯精神崩溃。

单独监禁的囚犯最喜欢的活动是看书或写书，最喜欢的消遣是逃跑，其中一些实践者，如卡萨诺瓦（Casanova）和特伦克男爵（Baron Trenck），已经成名。

最受欢迎的游戏是"怎样才能离开这儿"["想出去"（Want Out）]，也可以在州立医院里面玩。它必须与同名的伎俩区分开来，即"表现良好"（Good Behaviour）。真正想要自由的囚犯会知道如何遵守当局的规定，以便尽快获释。如今，这通常可以通过玩一个好的"精神病学"游戏来实现，这是一种团体治疗类型。然而，"想出去"的游戏是由这样的囚犯或病人玩的——他们的**儿童**不想出去。他们模仿"表现良好"，但在关键时刻，他们会搞自我破坏，以免被释放。因此，在"表现良好"中，**父母**、**成人**和**儿童**一起努力，直到被放出去；在"想出去"中，**父母**和**成人**成功完成了规定的招数，直到关键时刻，**儿童**却因为害怕冒险进入不确定的世界，从而接管并破坏了之前产生的效果。20世纪30年代末，"想出去"在新到的德国移民中很常见，他们变得精神错乱。他们会好转并乞求出院；但随着释放日的临近，他们的精神症状会复发。

破局。敏锐的管理者能够辨别"表现良好"和"想出去"，并且能在行政上进行处理。然而，团体治疗的初学者往往会上当受骗。一位称职的团体治疗师知道，这是精神病患者居多的监狱中最常见的伎俩，因此会密切关注它们，并在早期阶段将它们找出来。既然"表现良好"是一种诚实的行为，就可以这样对待它，公开讨论也无伤大雅。相反，如果感到恐慌的囚犯将要被释放，就需要针对其"想出去"游戏进行积极治疗。

相关游戏。"想出去"的近亲是一种名为"你必须倾听"（You've Got to Listen）的伎俩。在这里，机构的囚犯或社会机构的来访者要求有权提出申诉。他的主要目的是向自己保证，当局会听取他的意见。如果他们错误地认为他希望投诉得到处理，并认为他要求太高而将他拒之门外，那么可能会有麻烦。如果他们同意他的要求，他的要求就会更多。如果他们只是耐心地听着，带着感兴趣的迹象，"你必须倾听"的玩家会感到满意和合作，不会再要求更多了。管理人员必须学会将"你必须倾听"与必要的补救措施中的严肃要求区分开来[2]。

"喊冤"（Bum Rap）是属于这个家族的另一个游戏。一名真正的罪犯可能会大喊"冤枉"，并试图逃脱，其实是在为出狱而努力，这是申请案件重审的必要程序。然而，将"喊冤"作为游戏玩的囚犯并没有有效地利用它试图逃脱，因为如果他出来了，他将没有太多借口喊冤。

三、让我们来戏弄乔伊一把

做局。这个游戏的原型是"大商店"（The Big Store），有名的欺诈游戏，但许多小骗局甚至是"仙人跳"都是"让我们来戏弄乔伊一把"。只要一个人存在占便宜的欲望，就毫无例外会被这个游戏吸引，因为该游戏的第一个步骤是布莱克告诉怀特，愚蠢的老实人乔伊正在等待被骗。如果怀特是完全诚实的，他要么退缩，要么警告乔伊，但他没有。就在乔伊要付钱的时候，出了点问题，怀特发现他的投资化为乌有。或者在"仙人跳"中，就在乔伊即将与别人的妻子上床的时候，他碰巧走了进来。怀特本来以为自己赚到了，结果却发现他不得不屈从于乔伊的勒索，这实在令人痛苦。

有意思的是，骗子往往挑选知道"让我们来戏弄乔伊一把"的游戏规则并且不会打破它的人来进行诈骗。骗子要预计到可能出现的风险是怀特会如实告发他们；只要要求得到满足，他们不会因此怪罪怀特，甚至允许他在一定程度上为了保存颜面而向警察撒谎。但如果怀特做得太过火并且提出不实控诉，例如，诬告他们盗窃，就会招致他们的怨恨。另一方面，如果一个骗子骗了一个喝醉酒的人而因此惹上麻烦，那么他得不到什么同情，因为这是不正当的程序，他明明知道这是不对的。同样地，如果他蠢到挑了一个深谙黑色幽默的人作为诈骗对象，也只会受到人们的嘲笑，因为众所周知这样的人很难在"让我们来戏弄乔伊一把"中扮演好相应的角色，直到这个游戏成功发展为"警察和强盗"这一终极游戏。有经验的骗子会害怕遇到那种被骗后还哈哈大笑的人。

需要注意的是，恶作剧并不是在玩"让我们来戏弄乔伊一把"游戏，因为在恶作剧中，乔伊是受害者，而在"让我们来戏弄乔伊一把"中，乔伊获胜，怀特是受害者。恶作剧是一种消遣，而"让我们来戏弄乔伊一把"是一个游戏，其中的笑话被安排成事与愿违。

很明显，"让我们来戏弄乔伊一把"是一个三人或四人的游戏，警察扮演第四个玩家，它与"让你跟他打一架"有关。

说明

感谢瓦卡维尔市加利福尼亚医学院（California Medical Faculty）的富兰克林·厄恩斯特（Franklin Ernst）医生，诺科市加利福尼亚康复中心（California Rehabilitation Center）的威廉·柯林斯（William Collins）先生和特哈查比市加州男子监狱（California Institution for Men）的劳伦斯·米恩斯（Laurence Means）先生，感谢他们对研究"警察和强盗"游戏的持久兴趣，并且进行了有价值的讨论和批评。

参考文献

[1] 弗雷德里克·怀斯曼（Frederick Wiseman）在《精神病学与法律：谋杀案中精神病学的使用与滥用》(《美国精神病学杂志》，1961年，118:289—299）中给出了一个清晰而悲剧的硬核版"警察和强盗"的例子。这个案例涉及一个23岁的男子，他枪杀了自己的未婚妻，然后自首。这并不容易，因为警察在他重复了四遍之前并不相信他的故事。后来，他说："我觉得我这一生注定会坐电椅。如果命中注定如此，那就只能如此。"作者说，期望一个外行陪审团能理解在审判中用技术术语提供的复杂精神病学证词是荒唐的。用游戏术语来说，核心问题可以用非常简单的词语来表达：一个9岁的男孩认为（审判中明确指出了原因）他注定会坐电椅。他用余生朝这个目标前进，并以他的女友为对象，最终自己设下了这个局。

[2] For further information about 'Cops and Robbers' and games played by prison inmates, see: Ernst, F. H., and Keating, W. C., 'Psychiatric Treatment of the California Felon', *American Journal of Psychiatry*, 120:974-979, 1964.

第十一章　咨询室游戏

在治疗情境下也仍被执着地玩着的游戏，是专业游戏分析师需要注意的最重要的游戏。在咨询室里可以很容易地对它们进行第一手研究。根据发起者的角色，有如下三种类型。

1．治疗师和社会工作者玩的游戏："我只是想帮你"（I'm Only Trying To Help You）和"精神病学"（Psychiatry）。

2．受过专业训练的人在参与团体治疗时玩的游戏，如"温室"（Greenhouse）。

3．非专业的病人和来访者玩的游戏："贫穷"（Indigence）、"乡下人"（Peasant）、"愚蠢"（Stupid）和"假肢"（Wooden Leg）。

一、温室

做局。这是"精神病学"的一个变体，年轻的社会科学家如临床心理学家，最喜欢玩这个游戏。在同事的陪伴下，这些年轻人往往会玩"精神分析"，通常是以一种诙谐的方式来表达："你的敌意正在显示出来。"或者："防御机制可以变得多么机械？"

这通常是一种无害和愉快的消遣；在他们的学习经历中，这是一个正常的阶段，如果在团体中有几个独特而有趣的人，这可能会变得非常有趣（本文作者最喜欢的一句话是，"我觉得国家动作倒错周又来了"）。作为心理治疗团体的病人，这些人中的一些人倾向于更严肃地沉迷于这种相互批评中；但由于在那种情境下这种批评并不是很有成效，它可能不得不由治疗师来加以阻止。接下来可能会演变成一场"温室"游戏。

应届毕业生有一种强烈的倾向，那就是过分尊重他们所说的"真实感受"。在表达这种感受之前，可能会宣布即将表达。在宣布之后，这种感受被描述，或者更确切地说，呈现在团体面前，就像是一朵稀有的花，应该被敬畏。其他成员的反应受到了非常严肃的对待，这些反应就像是鉴赏家在植物园里欣赏植物。问题似乎是，用游戏分析的行话来说，这个游戏是否足够好，足以在国家感受展览会上展示。治疗师带着质疑的干预可能会引起强烈不满，就好像他是某个笨手笨脚的笨蛋，在撕裂一株充满异国情调、百年不遇的植物脆弱的花瓣。治疗师自然认为，为了了解花的解剖学和生理学，可能有必要对其进行解剖。

破局。对于治疗进展至关重要的破局，是对上述描述的讽刺。如果允许这个游戏继续下去，它可能会持续数年不变，之后病人可能会觉得他有过一次"治疗性的体验"，在此期间他"表达了敌意"，并学会了"面对感受"，这让他比那些没那么幸运的同事更具优势。与此同时，可能并没有什么具有动力学意义的事情在发生，当然，时间的投入并没有最大限度地带来治疗获益。

最初描述中的讽刺不是针对病人，而是针对他们的老师和鼓励这种过分挑剔的文化环境。如果时机恰当，一句怀疑的话可能会成功地将他们从浮夸的**父母**影响中分离出来，并且在与其他人的互动中减少这种顽固的自我关注。他们可能不会在温室气氛里培养感受，而是让它们自然生长，成熟后再采摘。

这个游戏最明显的获益是外在心理获益，因为它通过设置表达情感的特殊条件和对在场人员回应的特殊限制来回避亲密。

二、我只是想帮你

做局。这个游戏可以在任何专业情境下进行，并不局限于心理医生和社会福利工作者。然而，在受过某种培训的社会工作者中，它是最常见的，并且具有最华丽的形式。本书作者是在一个有趣的场合下明确了对这一游戏的分析。除了一名研究型心理学家和一名商人外，所有参加扑克牌游戏的人都已经弃牌了。有一手好牌的商人下了赌注，有一手必胜牌的心理学家加了赌注。那位商人看起来很困惑，于是心理学家开玩笑地说："别担心，我只是想帮你！"那位商人犹豫了一下，最后投下了筹码。心理学家展示了获胜的那一手牌，于是商人厌恶地扔出了牌。其他在场的人听了这位心理学家的笑话后都开怀大笑，失败者悲伤地说："你真的帮了我大忙！"这位心理学家会意地瞥了作者一眼，暗示这个笑话真的是以牺牲精神病学职业为代价的。正是在那一刻，这个游戏的结构变得清晰起来。

无论从事哪种职业，工作人员或治疗师都会给来访者或病人一些建议。病人回来后报告说，这个建议没有达到预期的效果。工作人员带着一种无可奈何的感觉对这一失败不屑一顾，并再次尝试。如果他更加警惕，他可能会在这一点上感觉到一丝挫败，但无论如何，他都会再次尝试。通常，他觉得没有必要质疑自己的动机，因为他知道，许多受过类似培训的同事都在做同样的事情，而且他遵循的程序是正确的，会得到上级的全力支持。

如果他遇到一个顽固的玩家，比如，一个充满敌意的强迫症患者，他会感到越来越力不从心。然后他就有麻烦了，情况会慢慢恶化。在最坏的情况下，他可能会遇到一个愤怒的偏执狂，有一天他会怒气冲冲地冲进来，哭着说："看看你让我做了什么！"然后，他的挫败感将在口头或未言明的想法中强烈地表现出来："但我只是想帮你！"对忘恩负义的困惑可能会给他带来相当大的痛苦，这表明了他自己行为背后的复杂动机。这种困惑就是回报。

我们不应该将真正的助人者与那些玩"我只是想帮你"的人相混淆。"我想我们可以为此做点什么""我知道该怎么做""我被指派来帮助你"或者"我帮助你的费用将是……"不同于"我只是想帮你"。前四个，出于善意，代表**成人**提出将专业能力交给陷入困境的病人或来访者使用；"我只是想帮你"游戏则怀有隐蔽的动机，这种动机要比玩家的专业能力更能决定助人的结果。这种动机是基于人们忘恩负义、令人失望的立场。成功的前景对专业人士的**父母**来说是令人震惊的，并且是对破坏的邀请，因为成功会威胁到这一立场。需要向"我只是想帮你"玩家保证，无论提供多么大的帮助，都不会被接受。来访者的回答是"看看我有多努力"或者"你帮不了我什么忙"。更灵活的玩家可以妥协：人们接受帮助是正常的，只是他们需要很长时间才能做到。因此，治疗师往往会为没能快速取得效果感到抱歉，因为他们知道，在员工会议上，一些同事将会提出批评。与顽固的"我只是想帮你"

玩家截然相反的是优秀的律师，他们帮助客户，而不涉及个人事务，也不会感情用事。在这里，决定结果的是他们的技艺而不是这些潜在的让人徒劳无功的动机。

一些社会工作学院似乎主要是培训专业的"我只是想帮你"玩家的学院，他们的毕业生想要停止玩这个游戏并不容易。在对补充游戏"贫穷"的描述中可以找到一个例子，它可能有助于说明前述的一些观点。

"我只是想帮你"和它的变体在日常生活中很容易被找到。它是由家人、朋友和亲戚玩的（例如，"可以给你搞到批发价"），以及与孩子们一起做社区工作的成年人。这是父母们最喜欢的游戏，而孩子们玩的补充游戏通常是"看看你让我做了什么"。在社交方面，这可能是"笨手笨脚的人"的一种变体，在这种情况下，损害是在帮助而不是冲动的情况下造成的；在这里，来访者的代表可能是一个受害者，他可能在玩"为什么总是我"或者它的一个变体。

破局。有几个方法可供专业人员处理玩这个游戏的邀请，他的选择将取决于他和病人之间的关系状态，特别是病人的儿童的态度。

1. 经典精神分析的破局是最彻底的，也是病人最难容忍的。该邀请将被完全忽略。然后，病人会越来越努力地尝试。最终，他陷入绝望状态，表现为愤怒或沮丧，这是一场游戏失败的典型标志。这种情况可能会导致一场有益的对峙。

2. 在第一次邀请时，可能会尝试更温和（但不是一本正经）的对峙。治疗师说他是病人的治疗师，而不是他的管理者。

3. 更温和的做法是将病人引入治疗团体，让其他病人处理。

4.对于病得很重的病人,可能有必要在最初阶段配合他玩这个游戏。这些病人应该接受精神科医生的治疗,因为他是一名医生,可以开出药物和给出一些保健措施,即使在如今拥有镇静剂的时代,这些措施在治疗这些人方面仍然很有价值。如果医生开了一种保健养生法,其中可能包括洗澡、锻炼、休息、定期进餐和药物治疗,病人:(1)执行养生法,感觉更好;(2)严格执行养生法,并抱怨它没有帮助;(3)漫不经心地提到,他忘了执行指示,或者他已经放弃了养生法,因为它没有任何好处。在第二种和第三种情况下,则由精神科医生决定病人是否适合在那个时间点接受游戏分析,或者是否指示进行某种其他形式的治疗,以便为以后的心理治疗做好准备。精神科医生在决定下一步如何进行之前,应该仔细评估治疗方案的充分性与病人玩游戏的倾向之间的关系。

另一方面,对病人来说,破局是,"不要告诉我怎么做才能帮助自己,我会告诉你怎么做才能帮助我"。如果治疗师是众所周知的"笨手笨脚的人",那么病人应该使用的正确破局是:"不要帮我,帮别人去。"但那些严肃地说"我只是想帮你"的人通常缺乏幽默感。病人的破局招数通常不被接受,并可能导致治疗师终生的敌意。在日常生活中,除非一个人准备无情地进行这些行动并承担后果,否则不应该开始这样的招数。例如,拒绝一个"可以给你搞到批发价"的亲戚可能会导致严重的家庭问题。

分析
做局:从来没有人按我说的做。
目的:减轻内疚感。

角色：助人者、来访者。

心理动力：受虐。

例子：(1) 孩子学习，家长介入。(2) 社会工作者和来访者。

社交范例：父母－儿童。

儿童："我现在该怎么办？"

父母："这就是你要做的。"

心理范例：父母－儿童。

父母："看看我有多能干。"

儿童："我会让你感到不够能干。"

招数：

(1) 要求指示——已给出指示。

(2) 程序搞砸——责备。

(3) 证明程序是错误的——含蓄地道歉。

获益：

(1) 内在心理获益——苦肉计。

(2) 外在心理获益——避免面对不足。

(3) 内部社交获益——"家长会"，投射型；忘恩负义。

(4) 外部社交获益——"精神病学"，投射型。

(5) 生物获益——来自来访者的耳光，来自督导师的安抚。

(6) 存在主义获益——所有人都忘恩负义。

三、贫穷

做局。亨利·米勒在《马洛西的大石像》（*The Colossus of Maroussi*）一书中对这个游戏所设下的局做了最好的阐述："这件事肯定发生在我找工作的那一年,我丝毫没有想要工作的打算。它提醒我,尽管我认为自己已经绝望了,但我甚至没有费心去看招聘广告的栏目。"

这个游戏是"我只是想帮你"的补充之一,因为它是由靠它谋生的社会工作者玩的。以这种方式谋生的来访者也同样专业地玩"贫穷"。作者自己对"贫穷"的体验是有限的,但以下是他最有成就的学生之一的描述,说明了这个游戏的本质及其在我们社会中的地位。

布莱克小姐是一家福利机构的社会工作者,该机构宣称的目标是帮助穷人恢复经济状况——这实际上意味着让他们找到并留住有收入的工作。据官方报道,这家机构的来访者一直在"进步",但真正得到"康复"的来访者寥寥无几。据称,这是可以理解的,因为他们中的大多数人已经当了几年的福利救助对象,从一家机构转到另一家机构,有时一次涉及五到六家机构,所以很明显,他们是"棘手的个案"。

接受了游戏分析培训的布莱克小姐很快意识到,她所在机构的工作人员一直在玩"我只是想帮你"这个游戏,她想知道来访者对此有何反应。为了核实,她每周询问自己的来访者,他们实际调查了多少个工作机会。她很感兴趣地发现,尽管理论上他们应该日复一日地勤奋地寻找工作,但实际上他们在这方面投入的精力很少,有时他们所做的象征性努力具有讽刺意味。例如,一名男子说,他每天至少回复一份找工作的广告。"什么样的工作?"她问道。他说他想从事销售工作。"这是你唯一回复的广告吗?"她问。他说是,但他的口吃太严重了,而这阻碍了他所选择的职业生涯。大约在这个时候,她的主管注意到她在问这些问题,她因为给来访者施加了"不必要的压力"而受到了斥责。

尽管如此,布莱克小姐还是决定让他们中的一些人康复。她选择了那些身体健全、似乎没有正当理由继续领取福利金的人。和这群被选中的人一起,她谈论了游戏"我只是想帮你"和"贫穷"。当他们愿意承认这一点时,她说,除非他们找到工作,否则她将切断他们的福利基金,并将他们转介给另一个机构。他们中的几人几乎立即找到了工作,有些人是多年来的第一次。但是他们对她的态度感到义愤填膺,并且其中一些人给她的主管写了信,投诉这件事。主管把她叫了进来,并更严厉地斥责了她,理由是尽管她以前的来访者还在工作,但他们并没有得到"真正的康复"。主管表示,他们对于是否让布莱克小姐留在这个机构里还存在一些疑虑。布莱克小姐在不进一步损害她的立场的情况下,尽她所能,机智地试图引出在该机构的观点中,什么才是"真正的恢复"。这一点没有得到澄清。她只被告知,她给人们"施加了不必要的压力",多年来他们第一次养家糊口的事实根本不是她的功劳。

因为她需要这份工作,现在又面临失业的危险,她的一些朋友试图给她提供帮助。其中,一位受人尊敬的精神科诊所负责人写信给这位主管,说他听说布莱克小姐为福利救助对象做了一些特别有效的工作,并询问她是否可以在他诊所的员工会议上讨论她的发现。主管拒绝批准。

在这个例子中,该机构制定了"贫穷"的规则,以补充"我只是想帮你"的特定规则。在社会工作者与来访者之间有一种默契协议,其内容如下。

社会工作者:"我会尽力帮助你的。"(前提是你的病情没有

好转）

来访者:"我会找工作的。"（前提是我不需要找工作）

如果一个来访者因为病情好转而违反了这一协议,这家机构就会失去一个来访者,来访者也会失去福利,两人都会觉得受到了惩罚。如果像布莱克小姐这样的员工违反协议,让来访者真正找到工作,这家机构就会受到来访者投诉的惩罚,这可能会引起上级当局的注意,同时来访者也会失去福利。

只要双方都遵守隐含的规则,双方就都得到了想要的东西。来访者收到了他的福利,很快就知道了该机构想要什么作为回报:有机会"提供援助"（作为"我只是想帮你"的一部分）加上"临床材料"（在"以来访者为中心"的员工会议上呈报）。来访者很高兴满足了这些要求,这给了他和这家机构同样多的乐趣。因此,他们在一起相处得很好,两人都不想终止这样一段令人满意的关系。布莱克小姐提议召开一次"以社区为中心"的员工会议,而不是"以来访者为中心"的会议,这实际上是"将手伸进去"而不是"把手伸出来";这让所有其他相关人员感到不安,尽管她只是在遵守所规定的明确意图。

这里应该注意两件事。首先,"贫穷"是一个游戏,而不是由于身体、精神或经济上的残疾而导致的一种疾病,只有限比例的福利救助对象才会玩。其次,它将只得到受过"我只是想帮你"培训的社会工作者的支持。其他工作人员不会那么轻易容忍它。

类似的游戏有"退伍军人"（Veteran）和"门诊部"（Clinic）。"退伍军人"展现了同样的共生关系,这一次是在退伍军人管理局、相关组织和一定数量的"专业退伍军人"之间,这些退伍军人享有残疾退伍军人的合法特权。在大型医院的门诊部就诊的人中，有一定比例的人会玩"门诊部"游戏。不同于那些玩"贫穷"或"退伍军人"游戏的病人，玩"门诊部"游戏的病人不会获得经济报酬，但会获得其他好处。它们服务于有益的社会目的，因为它们愿意在培训医务人员和研究疾病过程方面进行合作。从这一点上，他们可能会得到"贫穷"和"退伍军人"玩家所没有的合情合理的成人满足感。

破局。破局，如果指明的话，就是停止对玩家提供福利。在这里，风险主要不是来自玩家自己，就像在大多数其他游戏中一样，因为这个游戏在文化上是和谐的，是由互补的"我只是想帮你"玩家培育的。威胁来自专业同事和被激起的公众、政府机构和保护性工会。在一番反"贫穷"的表现之后，人们的抱怨可能会引发一场响亮的呼喊："是啊，是啊，够你受的吧？"这可能被视为一种健康、建设性的行动或消遣，即使它偶尔会对坦率造成阻碍。事实上，整个美国民主自由的政治制度是建立在有问这个问题的许可证（在许多其他形式的政府下是没有的）的基础上的。如果没有这种许可证，人道主义社会进步就会受到严重阻碍。

四、乡下人

做局。乡下人的原型是患有关节炎的保加利亚村民，她卖掉了唯一的奶牛，以筹集资金去索非亚的大学医院。在那里，教授检查了她，发现她这个病例非常有趣，他在临床演示上向医学生展示了她的病情。他不仅概述了病理、症状和诊断，还概述了治疗方法。这个过程让她充满敬畏之情。在她离开之前，教授给了她一张处方,更详细地解释了治疗方法,她对他的学识感到钦佩,并说了一句保加利亚语,大意相当于:"天哪,你太棒了,教授!"然而,她从来没有按处方配药。第一,她的村子里没有药剂师;第二,即使有,她也不会让这么值钱的一张纸离开她的手;第三,她也没有进行其他治疗的条件,如饮食、水疗等。她活着,和以前一样行动不便,但现在很高兴,因为她可以告诉每个人,索非亚伟大的教授为她开出的奇妙治疗方案,她每晚都在祈祷中向他表示感谢。

几年后,教授怀着不愉快的心情,碰巧路过村子,去看一位富有但要求很高的病人。他想起了那个乡下人,当她冲出来吻他的手的时候,他想起了他很久以前给她提供的奇妙的养生方法。他彬彬有礼地接受了她的敬意,当她告诉他治疗有多好时,他特别满意。事实上,他是如此得意忘形,以至于没有注意到她一如既往地一瘸一拐。

在社交上,"乡下人"以一种天真和伪装的形式被演绎,两者的座右铭都是:"天哪,你太棒了,默加特罗伊德先生!"在天真的形式下,默加特罗伊德是很棒的。他是一位著名的诗人、画家、慈善家或科学家,天真的年轻女性经常长途跋涉,希望能见到他,这样她们就可以爱慕地坐在他的脚下,将他的不完美浪漫化。一个更见多识广的女人,如果故意与这样一个她由衷钦佩和欣赏的男人搞外遇或结婚,她可能会充分意识到他的缺点,她甚至可能为了得到她想要的东西而利用这些缺点。对于这两类女性,游戏的区别在于,天真型的女性对他的缺点进行浪漫美化,即使能准确评价也依然尊重他的成就;伪装型的女性则是在利用他的缺点。

在伪装的形式中，默加特罗伊德可能很出色，也可能不出色，但他遇到的女人无论如何都不是真正欣赏他；也许她是一个高级妓女。她玩"可怜的我"（Little Old Me），并利用"天哪，你太棒了，默加特罗伊德先生"作为纯粹的奉承来达到自己的目的。内心深处，她不是被他迷惑了，就是在嘲笑他。但她并不关心他，她想要的是和他在一起的额外好处。

　　在临床上，"乡下人"有两种相似的表现形式，它们的座右铭是"教授，您太棒了"。在天真的形式中，只要病人相信"天哪，你太棒了，默加特罗伊德先生"，她就可以保持良好状态，这就要求治疗师有义务在公共和私人生活中都要表现良好。在伪装的形式中，病人希望治疗师会配合她的"天哪，你太棒了，默加特罗伊德先生"，并认为："你真有洞察力！"一旦她让他处于这个立场，她可以让他看起来很愚蠢，然后转到另一个治疗师那里；如果他能不这么容易被欺骗，他实际上可能能够帮助她。

　　对病人来说，赢得"天哪，你太棒了，默加特罗伊德先生"最简单的方法就是不让病情好转。如果她更恶毒，她可能会采取更积极的措施，让治疗师看起来很愚蠢。一名女性与她的心理医生玩"天哪，你太棒了，默加特罗伊德先生"游戏，但症状没有任何缓解；她最终给他留下了许多问候和道歉。然后，她去向她尊敬的牧师寻求帮助，并与他一起玩"天哪，你太棒了，默加特罗伊德先生"游戏。几个星期后，她引诱他玩了一场第二级别的"挑逗"游戏。然后，她隔着栅栏私下告诉邻居，像布莱克牧师这样好的男人可以在软弱的时刻向像她这样天真而不吸引人的女人示爱，她有多么失望。她认识他的妻子，她当然可以原谅他，但不管怎样……这种知心话只是无意中说漏嘴了，直到后来她才"惊恐地"想起，邻居是教堂里的长老。在她的心理医生那里，她靠没有好转而赢；在她的牧师那里，她靠诱惑他而赢，尽管她不愿承认这一点。但另一位精神科医生把她转介给了一个治疗团体，在那里她不能像以前那样行动了。然后，由于没有"天哪，你太棒了，默加特罗伊德先生"和"你真有洞察力！"来填补她的治疗时间，她开始更仔细地检查自己的行为，在团体的帮助下，她能够放弃她的两个游戏——"天哪，你太棒了，默加特罗伊德先生"和"挑逗"。

破局。治疗师必须首先判断这个游戏是不是在天真地玩，如果是，那么为了病人的利益，应该允许病人继续玩下去，直到她的**成人**足够成熟，可以冒险采取对策。如果不是天真的，在病人做好充分准备后，一旦有机会就可以采取对策，以便她能够了解发生了什么。然后，治疗师坚决拒绝给出建议，当病人开始抗议时，他明确表示，这不仅仅是一种"扑克脸精神病学"，而且是一项经过深思熟虑的策略。在适当的时候，他的拒绝可能会激怒病人或引发急性焦虑症状。下一步取决于病人病情的恶性程度。如果她过于不安，她的急性反应应该通过适当的精神病学或分析程序来处理，以重新建立治疗情境。对抗伪装型游戏的第一个目标，是将**成人**和伪善的**儿童**分开，这样游戏就可以分析了。

在社交场合，应该避免与天真型的"天哪，你太棒了，默加特罗伊德先生"玩家发生亲密纠葛，任何一位理智的经纪人都会这样告诫他所负责的演员。另一方面，玩伪装型的"天哪，你太棒了，默加特罗伊德先生"的女性有时会很有趣，也很聪明，如果她们能不再玩"天哪，你太棒了，默加特罗伊德先生"游戏的话，可以成为家庭和社交圈中受人欢迎的一分子。

五、精神病学

做局。精神病学作为一种程序必须与作为游戏的"精神病学"区分开来。根据科学出版物以适当的临床形式提供的现有证据,以下方法以及其他方法在治疗精神疾病方面有价值:休克疗法、催眠、药物、精神分析、行为精神病学和团体治疗。还有一些不太常用的,就不在这里讨论了。这些都可以用在"精神病学"游戏中,游戏的基础是"我是一名疗愈者",并附有一张文凭:"上面写着我是一名疗愈者。"需要注意的是,无论如何,这都是一个建设性的、仁慈的立场,而玩"精神病学"的人可以做很多好事,只要他们受过专业训练。

然而,如果治疗热情是适度的,对治疗结果会更有益。很久以前,安布鲁瓦兹·巴累(Ambroise Paré)最好地表达了它的破局,他实际上说过:"我治疗他们,但上帝治愈他们。"每个医科学生都会学习这句格言,还有其他一些格言,比如,"不论任何情况,切勿伤害到病人"(primum non nocere),还有一些短语,比如,"尊重自然的痊愈力量"(vis medicatrix naturae)。然而,非医学背景的治疗师不太可能受到这些古老的警告的影响。"我是疗愈者,因为上面写着我是一名疗愈者",这种立场可能会带来伤害,可以用更为合适的表达来替代:"我会应用我所学到的治疗方法,希望它们能对你有所帮助。"这避免了这一可能性:"既然我是疗愈者,如果你没有好转,那是你的错"(例如,"我只是想帮你"),或者"既然你是疗愈者,我会为你变得更好"(例如,"乡下人")。当然,所有这一切原则上都是每个有良知的治疗师都知道的。当然,每一位曾在知名诊所呈报过案例的治疗师都知道这一点。相反,好的诊所可能被定义为——让治疗师意识到这些事情的诊所。

另一方面,"精神病学"游戏更容易出现在那些以前接受过能力较差的治疗师治疗的病人身上。例如,一些病人小心翼翼地挑选差劲的精神分析师,从一个人转到另一个人,证明他们自己是无法治愈的,同时学习玩一场越来越激烈的"精神病学"游戏;最终,即使是一流的临床医生也难以处理。病人这一端的双重沟通是:

成人:"我是来被治好的。"
儿童:"你永远治不好我,但你会教我成为一个更好的神经症患者(更会玩'精神病学'游戏)。"

"心理健康"(Mental Health)也是这样玩的;这里的成人声明是,如果我应用我读过和听说过的心理健康原则,一切都会变得更好。一位病人从一位治疗师那里学会了玩"精神病学",从另一位治疗师那里学会了玩"心理健康",然后,由于又一位治疗师的努力,开始玩起了一个相当不错的"沟通分析"游戏。当与她坦率地讨论这一问题时,她同意停止玩"心理健康",但要求允许她继续玩"精神病学",因为这让她感觉很舒服。做沟通分析的精神科医生对此表示同意。因此,她连续几个月每周一次地详述她的梦和她对梦的解释。最后,也许是出于简单的感激之情,她断定找出她到底是怎么回事也许是件有趣的事。她对沟通分析产生了浓厚的兴趣,并取得了很好的效果。

"精神病学"的另一个变体是"考古学"[Archaeology,出自旧金山的诺曼·赖德(Norman Reider)医生之手],意思是病人只要能找到问题的起源,一切都会突然好起来。这导致了对童年时期所发生事情的反复思考。有时,治疗师可能会被骗进入一场"批评"(Critique)游戏。在游戏中,病人描述她在各种情况下的感受,治疗师告诉她这些感受出了什么问题。"自我表达"(Self-Expression)在一些治疗团体中是一种常见的游戏,它基于"感受是好的"这一教条。例如,一个使用粗俗咒骂的病人可能会收到掌声,或者至少是含蓄的称赞。然而,一个高阶的团体很快就会认出这是一个游戏。

治疗团体中的一些成员变得相当熟练,他们会很快让新病人知道他们认为他是在玩"精神病学"或"沟通分析"游戏,而不是使用团体程序来获得恰当的领悟。一名女性从一座城市的"自我表达"团体转移到另一座城市更复杂的团体,她讲述了一个关于她童年时期乱伦关系的故事。每当她讲这个屡屡重复的故事时,她并没有得到她所期望的惊叹,而是得到了冷漠的回应,于是她变得愤怒起来。她惊讶地发现,新的团体更感兴趣的是她在沟通中的愤怒,而不是她成长史中的乱伦,她用愤怒的语气说出了显然是她心目中的终极羞辱:她指责他们不是弗洛伊德主义者。当然,弗洛伊德本人更认真地对待精神分析,并通过说他自己不是弗洛伊德主义者来避免将其变成一个游戏。

最近被揭开面纱的是"精神病学"的一个新变体,叫作"请告诉我"(Tell Me This),有点类似于聚会消遣"二十个问题"。怀特讲述了一个梦或一个事件,其他成员,通常包括治疗师,然后试图通过提出相关的问题来解释它。只要怀特回答了问题,每个成员都会继续询问,直到发现怀特无法回答的问题。然后,布莱克带着一种会意的神情坐在那里说:"啊哈!如果你能回答这个问题,你肯定会好起来的,所以我已经尽了我的本分。"(这是"你为什么不——是啊,但是"的远亲)。一些治疗团体几乎完全基于这一游戏,可能会持续数年,但是只有很小的变化或进展。"请告诉我"让怀特(病人)有了很大的回旋余地。例如,他可以通过感觉徒劳无益来配合着玩;或者他可以通过回答所有提出的问题来反击,在这种情况下,其他玩家的愤怒和沮丧很快就会显现出来,因为他正在回击他们:"我已经回答了你的所有问题,你还没有治愈我,那你这个人又如何?"

"请告诉我"也会在教室里玩,学生们知道,对于某一类教师提出的开放式问题,正确的答案不是通过处理事实数据来找到的,而是通过猜测或预测几个可能的答案中的哪一个会让老师满意。古希腊语教学中出现了一种迂腐的变体:老师总是对学生占上风,可以让学生看起来很愚蠢,并通过指出课文中一些晦涩难懂的段落来证明这一点。教授希伯来语时也会经常玩这个游戏。

六、愚蠢

做局。在较温和的形式中,"愚蠢"所做的局是:"我和你一起嘲笑我自己的笨拙和愚蠢。"然而,病得更重的人可能会以一种闷闷不乐的方式玩它,说:"我很愚蠢,我就是这个样子的,所以为我做点什么吧。"这两种形式都是在压抑的立场里玩的。"愚蠢"必须区别于"笨手笨脚的人",后者的立场更具攻击性,而"愚蠢"只是为了寻求宽恕。它还必须与"小丑"(Clown)区分开来,小丑不是一个游戏,而是一种消遣,强化了"我很可爱,人畜无害"的立场。"愚蠢"中的关键沟通是,怀特让布莱克说他愚蠢,或者把他当傻瓜来回应。因此，怀特的行为就像一个笨手笨脚的人，但并不请求宽恕；事实上，宽恕让他感到不安，因为这威胁到了他的立场。或者他表现得很滑稽，但并没有暗示他是在开玩笑；他希望自己的行为被认真对待，作为真正愚蠢的证据。有相当大的外部获益，因为怀特越不学习，他就能玩得越有效。因此，在学校，他不需要学习，在工作中，他也不需要不厌其烦地学习任何可能会带来晋升的东西。他从小就知道，只要他愚蠢，每个人都会对他满意——即使有任何相反的说法。人们感到惊讶的是，在面临压力的时候，如果他决定走出困境，事实证明他一点也不愚蠢——就像安徒生童话中那个"愚蠢"的小儿子一样。

　　破局。温和形式的破局很简单。通过不玩游戏，通过不嘲笑笨拙或责骂愚蠢，这位反"愚蠢"的玩家将成为一生的朋友。其中一个微妙之处是，玩这个游戏的人往往是性格反复的人或躁狂-抑郁的人。当这些人兴高采烈时，他们似乎真的想让他们的同事也加入嘲笑自己的行列。通常很难不这样做，因为他们给人的印象是，他们会憎恨一个不加入进来的人——在某种程度上，他们确实会憎恨，因为他威胁到了他们的立场，破坏了游戏。但当他们抑郁时，他们对那些与他们一起大笑或嘲笑他们的人的怨恨就会公开化，这时不加入进来的人就会知道他的行为是正确的。当病人沉默寡言时，不加入进来的人可能是唯一一个病人愿意让其待在房间里或与之交谈的人，所有以前喜欢这个游戏的朋友现在都被视为敌人。

　　告诉怀特他并不是真的愚蠢是没有用的。实际上，他的智力可能相当有限，而且很清楚这一点，这就是这个游戏最初开始的原因。然而，在某些特殊领域，他可能是高人一等的：心理洞察力往往就是其中之一。对这种能力表现出应有的尊重是没有坏处的，但这与笨拙地试图"保证"是不同的。后者可能会给他带来苦涩的满足感，因为他意识到其他人比他更愚蠢，但这只是一个小小的慰藉。这样的"保证"当然不是最明智的治疗方法，通常这是"我只是想帮你"游戏中的一个招数。"愚蠢"的破局不是用另一个游戏来替代，而是简单地克制自己不玩"愚蠢"。

对闷闷不乐型"愚蠢"游戏的破局是一个更复杂的问题，因为闷闷不乐型的玩家试图激起的不是笑声或嘲笑，而是无助或愤怒，他已经预备好了用"那你把我弄好啊"来应对他人。因此，无论是哪种情况，他都赢了。如果布莱克什么都不做，那是因为他感到无助；如果他做了什么，那是因为他被激怒了。因此，这些人也倾向于玩"你为什么不——是啊，但是"游戏，这样他们就能以温和的形式获得同样的满足感。在这种情况下，没有简单的解决方案，在更清楚地理解这个游戏的心理动力之前，也不太可能有解决方案。

七、假肢

做局。"假肢"最戏剧化的形式是"以精神错乱作为托词"。这可能会被翻译成如下的沟通话语："你对像我这样情绪紊乱的人有什么期望——我会克制自己不杀人？"对此，陪审团被要求回答说："当然不会，我们不会对你施加这种限制！""以精神错乱作为托词"是一种法律游戏，在美国文化中是可以接受的，但它和普世公认的原则有所不同，该原则认为对一个可能有严重精神疾病的人来说，任何有理智的人都不会指望他对自己的行为负责。在日本醉酒以及在俄罗斯战时服兵役，都被认为是逃避各种反常行为责任的借口（以上所依据的是作者本人的经验）。

"假肢"所做的局是："你对一个有假肢的人有什么期望？"当然，这样说来，一方面，没有人会对一个有假肢的人有什么期望，除了他应该自己控制好轮椅。另一方面，在第二次世界大战期间，陆军医院截肢中心有一个戴着一条假肢的人，经常表演吉特巴舞，而且跳得很好。另外，有从事法律工作和担任政治职务的盲人（其中一人目前是作者家乡的镇长），有从事精神病治疗的聋哑人，还有没有手但会使用打字机的人。

只要一个真实的、夸张的，甚至是想象中的残障人士对自己的命运感到满意，或许就不应该有人干预。但在他接受精神科治疗的那一刻，问题就出现了，他是否在利用自己的生命发挥自己的最大优势，以及他是否能够超越自己的残疾。在这个国家，治疗师的工作将与大量受过教育的公众的观点相悖。即使是最大声地抱怨因身体疾病所造成不便的病人的近亲，如果病人取得了明确的进展，最终也可能会指责治疗师。这对游戏分析师来说很容易理解，但这也让他的任务变得困难。如果病人表现出自己开始行动的迹象，那么所有玩"我只是想帮你"的人都会受到游戏即将中断的威胁，有时他们会采取几乎令人难以置信的措施来终止治疗。

布莱克小姐那个口吃来访者的案例可以表明双方的存在，该案例在对"贫穷"游戏的讨论中被提及。这个男子玩了一个经典的"假肢"游戏。他找不到工作，他正确地将这归因于他是一个口吃者，因为他说，唯一让他感兴趣的职业是推销员。作为一名自由公民，他有权在他选择的任何领域找工作，但作为一名口吃者，他的选择引发了人们对他动机纯洁性的质疑。当布莱克小姐试图破坏这个游戏时，乐于助人的机构的回应对她非常不利。

"假肢"在临床实践中尤其有害，因为病人可能会找到一个用同样托词玩同样游戏的治疗师，因此取得进展是不可能的。在"意识形态托词"（Ideological Plea）的例子中，这是相对容易安排的。"你对一个生活在我们这样的社会里的人能有什么期望？"一位病人把这句话和"心身托词"（Psychosomatic Plea）结合在一起："你对一个有心身症状的人有什么期望？"他找到了一系列的治疗师，他们会接受一个托词，但不会接受另一个，所以他们中既没有一个人通过接受两个托词而让他在目前的立场上感到舒服，也没有一个人通过拒绝两个托词而改变他的立场。因此，他证明了精神医学不能帮助人。

病人用来为症状行为开脱的借口有感冒、头部受伤、环境压力、现代生活压力、美国文化和经济体系。一个有文化的玩家很容易找到权威机构来支持他。我喝酒是因为我是爱尔兰人，如果我住在俄罗斯或塔希提，这种情况就不会发生。事实是，俄罗斯和塔希提岛精神病院的病人与美国州立医院的病人非常相似。[1]"如果不是因为他们"或"他们让我失望"等特殊托词，应该在临床实践中——以及在社会研究项目中——进行非常仔细的评估。

稍微复杂一点的是这样的托词：你对这样一个男人有什么期望：（1）来自破碎的家庭；（2）神经症性的；（3）正在分析中；（4）患有一种被称为酗酒的疾病？最重要的是："如果我停止这样做，我将无法分析它，然后我永远不会好起来。"

"假肢"倒转过来是"人力车"（Rickshaw），其主题是："要是这个小镇周围有（人力车）（鸭嘴兽）（说古埃及语的女孩），我就不会陷入这样的混乱。"

破局。如果治疗师能够清楚地区分自己的**父母**和**成人**，如果治疗双方都清楚地理解治疗目的，那么破"假肢"这个局并不困难。

在**父母**方面，他可以是一个"好的"父母，也可以是一个"严厉的"父母。作为一个"好的"**父母**，他可以接受病人的托词，特别是如果这与他自己的观点相符的话。例如，合理化地认为在没有完成治疗前，患者无须对自己的行为负责。作为一名严厉的**父母**，他可以拒绝这一托词，并与病人进行意志上的较量。这两种态度对"假肢"玩家来说都已经很熟悉了，他知道如何从每一种态度中获得最大的满足感。

作为一个**成人**，治疗师拒绝了这两个机会。当病人问，"你对一个神经症患者能有什么期望？"他的回答是："我不期望任何东西。问题是，你对自己有什么期望？"他唯一的要求是病人认真回答这个问题，他唯一的让步是给病人一段合理的时间来回答这个问题：从六周到六个月不等，这取决于他们之间的关系以及病人之前的准备。

参考文献

[1] Berne, E., 'The Cultural Problem: Psychopathology in Tahiti', *American Journal of Psychiatry*, 116: 1076-1081, 1960.

第十二章　好游戏

精神科医生处在研究游戏的最好位置上，也许也是唯一能充分研究游戏的人，不幸的是，他几乎完全是和那些由于游戏而陷入困境的人打交道。这意味着提供给临床研究的游戏在某种意义上都是"坏"游戏。由于游戏的定义是基于隐秘的沟通，它们肯定都有某种剥削的成分。由于这两个原因，一方面是实际的，另一方面是理论的，寻找"好"游戏变得困难。一个好游戏可以被描述为其社会贡献超过其动机的复杂性，特别是如果玩家已经接受了这些动机，而不是觉得徒劳无益或愤世嫉俗。也就是说，"好"游戏既有利于其他玩家的福祉，也有利于主要玩家的发展。由于即使在最好的社会行动和组织形式下，也有很大一部分时间要花在玩游戏上，因此必须孜孜不倦地寻找"好"游戏。这里提供了几个例子，但无可否认，它们在数量和质量上都远远不够。这些游戏包括"照常工作的假日"（Busman's Holiday）、"献殷勤的绅士"（Cavalier）、"乐于助人"（Happy to Help）、"平凡的圣人"（Homely Sage）和"他们会很高兴认识我"（They'll Be Glad They Knew Me）。

一、照常工作的假日

做局。严格地说，这是一种消遣，而不是一个游戏，显然对所有相关人士来说都是一种建设性的游戏。一名前往东京帮助日本邮递员巡视的美国邮递员，或者一名假期在海地医院工作的美国耳鼻喉科专家，很可能会像他去非洲猎狮或开车穿过横贯大陆的高速公路一样，感觉精神振奋，有好故事可讲。美国的和平部队现在已经得到了官方批准来进行"照常工作的假日"。

如果这种工作是出于某些更为重要的隐藏动机，或者仅仅是为了达成其他目的的幌子，那么"照常工作的假日"也就变成了游戏。然而，即使在这种情况下，它仍然保持其建设性的性质，是其他活动（可能也是建设性的）更值得称赞的掩护之一。

二、献殷勤的绅士

做局。这是一个由没有性压力的男性玩的游戏——偶尔是对婚姻或恋爱状况感到满意的年轻男性，更多的是优雅地听从一夫一妻制或独身生活的老年男性。当遇到一位合适的女士时，怀特会抓住每一个机会来称赞她，但从不越界做出冒犯她的身份地位、不符合当时的情境以及有失品位的举动。但在这些限制内，他允许充分发挥他的创造力、热情和原创性。目的不是引诱，而是在有效的恭维艺术中展示他的高超技巧。内部社交获益在于这种天真的艺术给女人带来的愉悦，以及她对怀特技巧报以的欣赏。在合适的情况下，如果双方都知道这个游戏的性质，随着双方的兴致越来越高，会发展到彼此夸赞至天花乱坠的地步。当然，通晓世故的男性知道该何时停止,他会在他的恭维不再令人愉快(出于对女方感受的考虑)或者在他的恭维质量有所下降(出于对自己恭维技巧的骄傲的考虑)之前停下来。对诗人而言,玩"献殷勤的绅士"是为了获得外部社交获益,因为除了对激发他们灵感的女士的回应感兴趣外,他们也同样期待资深评论家和普罗大众的赞赏。

欧洲人浪漫,英国人富于诗意,他们似乎总是比美国人更擅长玩这个游戏。在美国这个国家,它在很大程度上落入了水果摊诗派的手中:你的眼睛像鳄梨,你的嘴唇像黄瓜,等等。水果摊类型的"献殷勤的绅士"没有赫里克(Herrick)和洛夫莱斯(Lovelace)作品那样优美,甚至还比不上罗切斯特(Rochester)、罗斯康芒(Roscommon)和多塞特(Dorset)那极尽嘲讽却富有想象力的作品。

破局。女人需要一些世故才能演好她的角色,而她需要非常生气或愚蠢才能拒绝扮演她的角色。对于对方的恭维,最合适的回应是"天哪,你太棒了,默加特罗伊德先生"的变体,也就是"默加特罗伊德先生,你真会说话(我真佩服你的作品)"。如果她过于呆板或迟钝,可能会单纯以"天哪,你太棒了,默加特罗伊德先生"来回应,却没有抓住关键:怀特希望获得称赞的不是他本人,而是他的诗作。如果女性感到愤怒,可能会做出毫不留情的破局行为,即第二级"挑逗"游戏("滚开,浑蛋")。可以想象,在这种情况下如果女性用第三级"挑逗"游戏来回应会多么糟糕。如果这个女人仅仅是愚蠢,她会玩第一级"挑逗"游戏,那就是用对方恭维的话满足自己的虚荣心,同时忽略了对怀特创造性的努力和能力表达感谢。一般而言,如果女方将男方的恭维理解为对方在企图引诱自己而非展示文学才能,那这个游戏就会遭到破坏。

相关游戏。必须将作为游戏的"献殷勤的绅士"与直接求爱的操作和程序区别开来。后者是不存在隐秘动机的简单沟通。"献殷勤的绅士"的女性版本可称为"奉承"(Blarney),玩这个游戏的通常是勇敢的上了年纪的爱尔兰女士。

部分分析

目的:相互钦佩。

角色:诗人、被欣赏的人。

社交范例:成人-成人。

成人(男性):"看看我能让你感觉多好。"

成人(女性):"哎呀!但你让我感觉很好。"

心理学范例:

儿童(男):"看看我能创造什么短语。"

儿童(女):"哎呀!但你很有创造力。"

获益:

(1) 内在心理获益——创造力和吸引力的保证。

(2) 外在心理获益——避免因不必要的性追求而被拒绝。

(3) 内部社交获益——"献殷勤的绅士"。

(4) 外部社交获益——可以任其发展。

(5) 生物获益——相互安抚。

(6) 存在主义获益——我可以优雅地生活。

三、乐于助人

做局。怀特一贯助人为乐，带着一些隐秘的动机。他可能是在忏悔过去的邪恶，可能是为了掩盖现在的邪恶，可能是为了以后利用朋友而交朋友，也可能是为了追求声望。但无论是谁质疑他的动机，也必须将乐于助人的功劳给他。毕竟，人们可以通过变得更加邪恶来掩盖过去的邪恶，通过恐惧来剥削人而不是举止慷慨，以邪恶的方式而不是善良的方式寻求声望。一些慈善家对竞争比对慈善更感兴趣：我捐出的钱（艺术品、土地）比你多。同样，如果他们的动机受到质疑，他们仍然必须因为以建设性的方式竞争而受到称赞，因为有这么多人在进行破坏性的竞争。大多数玩"乐于助人"游戏的人既有朋友，也有敌人，也许双方的感觉都是合理的。他们的敌人攻击他们的动机，贬低他们的行为；而他们的朋友对他们的行为心存感激，并忽略他们的动机。因此，关于这个游戏的所谓"客观"讨论实际上是不存在的。声称中立的人很快就会表明他们在哪一边是"中立"的。

这种游戏作为一种剥削性的策略，是美国很大一部分"公关活动"的基础。但顾客很高兴能参与其中，这可能是商业游戏中最令人愉快和最具建设性的。在另一方面，它最应受谴责的形式之一是三人家庭游戏，父母为了子女的爱而竞争。但应该指出的是，即使是在这里，选择"乐于助人"还是能消除这个游戏的一些负面意义，因为有如此多令人不快的竞争方式可供选择——例如，"妈妈比爸爸病得更重"或者"为什么你爱他胜过爱我"。

四、平凡的圣人

做局。这实际上是一个脚本，而不是一个游戏，但它有类似游戏的方面。一个受过良好教育、经验丰富的人，除了自己的生意之外，还能学到尽可能多的东西。到了退休年龄，他从担任要职的大城市搬到了一个小镇。在那里，人们很快就知道，可以向他求助任何类型的问题，从发动机的爆裂到照顾年迈的亲戚。如果他有能力的话，他会亲自帮助他们，或者把他们推荐给合格的专家。因此，他很快就在新环境中找到了自己的立场，成为一个"平凡的圣人"，不做任何伪装，但总是乐于聆听。本游戏最好的情况是，玩家已经不辞劳苦地去精神科医生那里审视过自己的动机，并且在扮演这个角色之前已经学会规避相关的错误。

五、他们会很高兴认识我

做局。这是"我要让他们看看"（I'll Show Them）游戏更具价值的变体。"我要让他们看看"有两种形式。在破坏性的形式中，怀特通过对他们施加伤害来"给他们好看"。因此，他可能会使自己处于更高的地位，不是为了声望或物质回报，而是因为这给了他行使恶意的力量。在建设性的形式下，怀特努力工作，尽一切努力赢得声望，不是为了手艺或合法的成就（尽管这些可能起到次要的作用），也不是为了给他的敌人造成直接的伤害，而是为了让他们因没有对他更好而内心充满嫉妒和后悔。

在"他们会很高兴认识我"这个游戏中，怀特为了昔日同事的利益努力，而不是去对抗他们。他希望让他们看到的是，他们完全可以友好和尊重地对待他。他也希望向他们证明，从他们自己的利益出发也值得这么做。为了安全地赢得这场游戏，他的手段和目的都必须高尚，这正是该游戏比"我要让他们看看"更优越的地方。"我要让他们看看"和"他们会很高兴认识我"可能都仅仅是成功的次要获益，而不是游戏。当怀特更感兴趣的是对敌人或朋友的影响而不是成功本身时，它们就变成了游戏。

第三部分 超越游戏

第十三章　游戏的重要性

　　游戏代代相传。任何人最喜欢的游戏都可以追溯到他的父母和祖父母，并传给他的孩子；同样地，除非有成功的干预，否则他们会把这些游戏教给他的孙子孙女。因此，游戏分析是在一个宏大的历史背景中进行的，显然可以追溯到 100 年前，并可靠地预测未来至少 50 年。打破这条牵涉到五代或更多世代的链条可能会产生几何级数的进步效应。有很多活着的个体，他们有 200 多个后代。游戏可能会被一代又一代地冲淡或改变，但其中似乎有一种强烈的倾向，即与玩同一类游戏的人近亲繁殖。这就是游戏的历史意义。

　　"培养"孩子主要是教他们玩什么游戏。不同的文化和不同的社会阶层喜欢玩不同类型的游戏，不同的部落和家庭喜欢玩不同类型的游戏。这就是游戏的文化意义。

　　游戏可以说是夹在消遣和亲密之间。消遣随着重复而变得无聊，促销鸡尾酒会也是如此。亲密关系需要极其慎重，而且受到父母、成人和儿童的排斥。社会不赞成坦率，除非是在私人场合；理智告诉我们坦率总是可能被滥用；而儿童害怕坦率，因为它涉及揭露真相。因此，为了摆脱无聊的消遣而不让自己暴露在亲密的危险中，大多数人在有空的时候会妥协去玩游戏，这些游戏占据了很大部分饶有趣味的社交时间。这就是游戏的社会意义。

人们挑选玩同样游戏的人作为朋友、同事和亲密的人。因此，在特定的社交圈（贵族、少年帮派、社交俱乐部、大学校园等），任何一个有头有脸的人的行为方式对另一个社交圈的人来说可能都相当陌生。相反，社交圈中任何一位改变游戏规则的成员都会受到排挤，但他会发现自己在其他社交圈里是受欢迎的。这就是游戏的个人意义。

说明

读者现在应该能够理解数学博弈分析和沟通游戏分析之间的基本区别。数学博弈分析假定玩家是完全理性的。沟通游戏分析处理的是非理性的，甚至是荒谬的游戏，因此更加真实。

第十四章　玩家

　　许多游戏都是有心理疾病的人玩得最激烈。一般来说，他们病得越重，玩得就越卖力。然而，奇怪的是，一些精神分裂症患者似乎拒绝玩游戏，从一开始就要求坦率。在日常生活中，最坚持玩游戏的是两类人：一种是"生闷气的人"（Sulk），另一种是"笨蛋"（Jerk）或"书呆子"（Square）。

　　生闷气的人是对自己的母亲生气的人。经过调查发现，他从孩提时代起就对她很生气。他的愤怒往往有很好的"儿童"理由：她可能在他童年的关键时期生病去医院而"遗弃"了他，或者她生了太多的兄弟姐妹。有时，遗弃是故意的，她可能为了再婚而把他送到外面去。无论如何，从那时起，他就一直闷闷不乐。他不喜欢女人，尽管他可能是个花花公子。因为生气一开始就是故意的，所以这个决定在他人生的任一时刻都可以撤销，就像小孩子到了吃晚饭时间就不再生气一样。对成年人和小男孩来说，扭转这个决定的要求是一样的。他必须能够保全面子，而且必须给他一些有价值的东西，以交换生闷气的特权。有时，一场本来可能持续几年的"精神病学"游戏可能会因为改变了生气的决定而夭折。这需要病人做好仔细的准备，并选择适当的时机和方法。

对待生闷气的小男孩，愚弄或威逼都不会有好结果，同样地，对待"生闷气的人"，治疗师的哄骗或施压都无法起作用；从长远来看，病人会为治疗师的不当处理而报复治疗师，就像小男孩最终会报复笨拙的父母一样。

如果是对父亲生气的女性，上述情况稍加修改，就对她们同样适用。她们的"假肢"（"你对一个有这样父亲的女人能有什么期望？"）必须由一位男性治疗师用更多的手腕来处理。否则，他可能会被扔进"像父亲一样的男人"的废纸篓里。

每个人都有一点"笨蛋"的影子，但游戏分析的目的是把它保持在最低限度。笨蛋是指对**父母**的影响过于敏感的人。因此，他的**成人**数据处理，以及他的**儿童**的自发性很可能在关键时刻受到干扰，导致不适当或笨拙的行为。在极端的情况下，笨蛋会与马屁精、炫耀的人和固执的人合并在一起。不要将这个笨蛋与困惑的精神分裂症患者混淆，后者没有正常的**父母**，也几乎没有正常的**成人**，所以他必须以困惑的儿童的自我状态来应对世界。有趣的是，在通常的用法中，"笨蛋"是一个仅用于男性的称谓，或者在极少数情况下用于具有男性气质的女性。"一本正经的人"（Prig）与"笨蛋"相比，要更加刻板守旧；"一本正经"这个词通常是女性专用的，但偶尔也会被用来指代有些女性倾向的男性。

第十五章　一则范例

考虑下面一位病人（P）与治疗师（T）的对话：

P："我有一个新计划——准时。"

T："我会尽量配合你。"

P："我不在乎你。我是为我自己做的……猜猜我历史考试得了什么成绩！"

T："B+。"

P："你怎么知道的？"

T："因为你害怕得A。"

P："是的，我本来可以得A，然后我回头看了一下试卷，画掉了三个正确答案，写上了三个错误的。"

T："我喜欢这个对话。没有任何'笨蛋'的影子。"

P："你知道吗，昨天晚上我在想我取得了多大的进步。我觉得我现在只有17%的笨蛋了。"

T："好的，今天到目前为止，是0；所以下一次你可以做个34%的笨蛋。"

P："这一切都是从六个月前开始的，当时我看着我的咖啡壶，第一次真正看到了它。你们知道现在的情况,我是如何听到鸟儿歌唱,我看着人们,他们真的像人一样在那里,最重要的是,我真的在那里。我不仅在那里,而且现在我在这里。有一天,我站在美术馆里看着一幅画,一个男人走过来说:'高更很棒,不是吗?'我说:'我也喜欢你。'所以我们出去喝了一杯,他是个很好的人。"

这是两个自主的**成人**之间的一次无"笨蛋"、无游戏的对话,带有以下说明。

"我有一个新计划——准时。"这一声明是在事后宣布的。这位病人几乎总是迟到。这一次她不是。如果守时是一种决心,一种"意志力"的行为,一种父母强加给儿童的行为,却只能被打破,那么它就会在事实发生之前宣布:"这是我最后一次迟到。"这将是在尝试策划一场游戏。但她的声明并非如此。这是**成人**的决定,是一个计划,而不是一种决心。病人之后仍然很守时。

"我会尽量配合你。"这既不是表示支持的声明,也不是"我只是想帮助你"这一新游戏的第一步。病人的时间是在治疗师的茶点休息时间之后。因为她经常迟到,他养成了从容不迫,自己也晚回来的习惯。当她发表声明时,他知道她是认真的,也做出了自己的声明。这一沟通是他们两人都遵守的一份**成人**合同,而不是一个**儿童**取笑一个**父母**角色——那样的话,是因为他的立场让他觉得被迫成为一个好父亲,并说他会合作。

"我不在乎你。"这强调了她的守时是一个决定,而不是一个可以被用作伪顺从游戏的一部分决心。

"猜猜我历史考试得了什么成绩！"这是一种双方都意识到并感到可以自由沉迷的消遣。他没有必要告诉她这是一种消遣来证明他多么警觉，这是她已经知道的事情，也没有必要仅仅因为这被称为一种消遣就不玩。

"B+。"治疗师认为，在她这个案例中，这是唯一可能的成绩，没有理由不这样说。虚伪的谦虚或对错误的恐惧都可能会让他假装不知道。

"你怎么知道的？"这是一个**成人**的问题，而不是一个游戏。"天哪，你太棒了"，它应该得到一个中肯的回应。

"是的，我本来可以得 A。"这才是真正的考验。病人没有因为合理化或找借口而闷闷不乐，而是直率地面对她的儿童。

"我喜欢这个对话。"这句话和下面这几句半开玩笑的话都是**成人**相互尊重的表现，也许还有一点**父母－儿童**消遣，而且他们都知道这一点，并可以自由选择是否进行下去。

"第一次真正看到了它。"她现在有权拥有自己的意识，不再需要像父母告诉她的那样看咖啡壶和人。"现在我就在这里。"她不再活在未来或过去，但如果有有用的目的，她可以简单地讨论它们。

"我说：'我也喜欢你。'"她无须浪费时间和新来的人一起玩"艺术画廊"（Art Gallery）游戏，尽管如果她愿意的话，她可以这么做。

就治疗师而言，他并不觉得必须玩"精神病学"。他有多次机会去提出防御、移情和象征性解释等问题，但他能够让这些问题过去而不感到任何焦虑。然而，弄清她在考试中修改了哪些答案还是很有意义的。不幸的是，在这次会谈的剩余时间里，病人身上剩下的17%的笨蛋和治疗师身上剩下的18%的笨蛋不时地显现出来。总而言之，上述程序构成了一项具有一定消遣意义的活动。

第十六章　自主性

自主性的获得通过以下三种能力的释放或恢复得以展现：觉察、自发性和亲密。

觉察。觉察意味着能够看到咖啡壶，听到鸟儿以自己的方式歌唱，而不是像别人教的那样。可以有充分的理由认为，婴儿的视觉和听觉与成年人存在质的差异[1]，而且他们在出生后的头几年更具审美性，智力较低。一个小男孩高兴地看着鸟儿，听着鸟儿的声音。然后，"好父亲"出现了，他觉得他应该"分享"经验，帮助他的儿子"发展"。他说："那是一只松鸦，这是一只麻雀。"当小男孩想知道哪只是松鸦，哪只是麻雀时，他就再也看不见鸟儿了，也听不到它们的歌声了。他必须以他父亲希望的方式看到和听到它们。父亲有很好的理由支持他这样做，因为几乎没有人一生都可以这样闲适地听鸟儿歌唱，而且越早开始对小男孩的教育越好。也许他长大后会成为一名鸟类学家。然而，一些人仍然可以用旧的方式去看和听。但人类中的大多数人已经失去了成为画家、诗人或音乐家的能力；即使他们还有这种能力，他们也不能选择直接去看和听，他们必须获得二手的经验。这种能力的恢复在这里被称为"觉察"。生理上的觉察是一种异常清晰的感知，并伴有鲜明的意象。[2] 也许至少在某些个体中，在味觉、嗅觉和动觉领域也有清晰的感知，这让我们在这些领域有了艺术家：厨师、香水师和舞蹈家，而他们始终面临的一个问题是，如何找到能够欣赏他们作品的观众。

觉察需要活在当下，而不是活在别处、过去或未来。一个很好的例证就是美国人生活中的一个场景——早上匆忙开车去上班。决定性的问题是："当身体在这里的时候，心在哪里？"有以下三种常见的情况。

1.最看重守时的人，心离身体最远。他的身体在他的汽车方向盘后面，而他的心在他的办公室门口，他对他周围的环境视而不见，除非这些环境是那一刻让他的身体赶上他的心灵的障碍。这就是那个"笨蛋"，他最关心的是老板会怎么想。

如果他迟到了，他会气喘吁吁地赶到。顺从**儿童**说了算，他的游戏是"看看我有多努力"。当他开车时，他几乎完全缺乏自主性，作为一个人，他本质上是死了的而不是活着的。这很可能是高血压或冠心病发展的最有利条件。

2.另一方面，生闷气的人与其说是关心准时到达，不如说是为迟到找借口。事故、不合时宜的红灯、路上的其他人不会开车或愚蠢都符合他的计划，并被秘密地视为对他叛逆的**儿童**或正义的**父母**游戏的贡献，即"看他们让我做了什么"。他也对周围的环境视而不见，除非对他的游戏有所贡献，所以他只有一半活着。他的身体在他的车里，但他的心却在外面寻找瑕疵和不公。

3.不太常见的是"天生司机"，对他来说，开车是一门与他意气相投的科学和艺术。当他在车流中快速而熟练地穿行时，他与他的车融为一体。他也忘记了他周围的环境，除非它们为他的高超车技提供了空间——这本身就是回报，但他能够清晰觉察到自己和他控制得如此之好的机器，在这个意义上，他是活着的。这种驾驶方式在形式上是**成人**的一种消遣，他的**儿童**和**父母**也可以从中获得满足。

第四种情况是觉察的人，他不会匆忙，因为他活在当下的环境中：天空、树木以及运动的感觉。匆忙就是忽视那个环境，只意识到路上仍看不见的东西，或者仅仅看成障碍，或者仅仅留意到自己。一名中国男子想要搭乘美国的地铁，当时他的同伴指出，他们坐快车可以节省20分钟，他们也做到了。当他们在中央公园下车时，这名中国男子坐在了一张长凳上，这让他的朋友大吃一惊。"嗯，"前者解释说，"既然我们节省了20分钟，我们就可以在这里坐那么久，享受周围的环境了。"

有觉察的人是活着的，因为他知道自己的感受，知道自己在哪里，知道在什么时间。他知道，在他死后，树还会在那里，但他不会再在那里看着它们，所以他现在想尽可能真切地看到它们。

自发性。自发性意味着选择，从混合的感受（**父母**感受、**成人**感受和**儿童**感受）中，选择和表达自己的感受的自由。它意味着解放，从玩游戏的强迫症中解放出来，从别人教导出来的感受中解放出来。

亲密。亲密意味着一个有觉察的人自发且不玩游戏的坦率，解放了在此时此地活着的天真、有理解力、质朴的儿童。可以通过实验证明[3]，异常清晰的知觉能唤起喜爱之情，而坦率则能激发积极的情感，因此甚至有一种叫"单边亲密"的东西——这种现象对职业的爱情骗子来说是很熟悉的，尽管不是叫这个名字，但他们能够在不将自己卷入的情况下俘获伴侣。他们通过鼓励对方直接看着他们并自由交谈来做到这一点,而男性或女性爱情骗子只是小心翼翼地假装感情是相互的。

由于亲密本质上是自然儿童的一种功能(尽管它是以心理和社会层面的沟通相混合的复杂形式来表达的),如果不受游戏干预的影响,它往往会变得很好。通常,适应父母所带来的影响是它被破坏的原因,但最不幸的是,这几乎是一种普遍的现象。不过,在受到污染之前,或者说除非受到污染,大多数婴儿似乎具有爱的能力。[4] 这就是亲密的本质,正如实验所表明的那样。

参考文献

[1] Berne, E., 'Intuition IV: Primal Images & Primal Judgments', *Psychiatric Quarterly*, 29: 634-658, 1955.

[2] Jaensch, E. R., *Eidetic Imagery*, Harcourt, Brace, New York, 1930.

[3] 这些实验仍处于旧金山社会精神病学研讨会(San Francisco Social Psychiatry Seminar)的试验阶段。使用交互分析进行有效实验需要特殊的培训和经验,就像使用色谱法或红外光谱法进行有效实验一样。区分游戏和消遣并不比区分恒星和行星更容易。详见 Berne, E., 'The Intimacy Experiment', *Transactional Analysis Bulletin*, 3: 113, 1964; 'More About Intimacy', ibid., 3: 125, 1964.

[4] Some infants are corrupted or starved very early (marasmus, some colics) and never have a chance to exercise this capacity.

第十七章　自主性的获得

父母，无论是有意还是无意，从孩子出生起就教育他们的孩子如何行为、思考、感觉和感知。从这些影响中解放出来并非易事，因为它们根深蒂固，在生命的前二三十年里是生物和社会生存所必需的。事实上，这种解放是完全可能的，但只有当个体开始进入自主的状态，也就是有能力觉察、自发和亲密，并且他有一定的决定权来决定他将接受父母的哪些部分的教义。在生命早期的某些特定时刻，他会决定如何适应它们。正是因为他的适应是一系列决定，是可以被撤销的，所以在适当的环境下，这些决定是可以扭转的。

因此，实现自主性包括推翻第十三章、第十四章和第十五章中讨论的所有与自主无关的东西。这种推翻永远不会是最终的：有一场持续不断的战斗，以反对陷入旧模式。

首先，正如第十三章所讨论的那样，必须解除整个部落或家庭历史传统的影响，就像玛格丽特·米德（Margaret Mead）所研究的新几内亚村民[1]那样；然后，必须摆脱父母、社会和文化背景的影响。当代社会对个体普遍的要求也必须抛弃。最后，个体在社交圈中的获益也应部分或全部舍弃。接着，要避免沉溺于

第十四章中描述的"生闷气的人"或"笨蛋"的行为，并放弃从中得到的回报。其后，个体必须实现个人及社交控制，这样，他便可以按照个人意愿自由选择附录中描述的所有行为（除梦之外）。这样，他才准备好了建立不含游戏的关系，正如第十五章所描述的那一则范例那样。此时，他就拥有了发展自主性的能力。本质上，这整个过程就是与父母（以及其他父母影响）友好地分离的过程。这样，我们就可以偶尔愉快地探望他们，而不再受他们的支配。

参考文献

[1] Mead, M., *New Lives for Old*, Gollancz, 1956.

第十八章　游戏之后呢，是什么？

这本书的第一部分和第二部分呈现了一幅黯淡的图景，其中人类的生活主要是一个填补时间的过程，直到死亡或圣诞老人的到来。在漫长的等待期间，人们几乎没有选择，如果有的话，那就是在这个漫长的等待中选择沟通什么。这是一件司空见惯的事情，但不是最终的答案。对某些幸运的人来说，有一种东西是超越所有行为分类的，那就是觉察；有某种超越过去编排的东西，那就是自发性；还有一种比游戏更有回报的东西，那就是亲密。但对没有做好准备的人来说，这三点可能都是可怕的，甚至是危险的。也许，他们现在这样更好，在流行的社交行为策略中寻求解决方案，比如"团结"。这可能意味着人类没有希望，但它的个别成员是有希望的。

附录
行为分类

在任一时刻,人必然会进行以下行为分类中的一种或多种行为:

类别 I

内在编排行为(来自古老心灵)。内在行为。
顺序:
(a) 梦
(b) 幻想
i. 外在幻想(愿望满足)
ii. 内在沟通,非适应性的
iii. 内在沟通,适应性的(带有新心灵的编排)
(c) 神游
(d) 妄想行为
(e) 不随意行为
i. 抽搐
ii. 呆板动作

iii. 动作倒错

(f) 其他

类别 II

可能存在编排行为（来自新心灵）。现实检验行为。

顺序：

(a) 活动

i. 职业活动、贸易等

ii. 体育运动、爱好等

(b) 程序

i. 数据处理

ii. 技术

(c) 其他

类别 III

社交编排行为（部分来自外在心灵）。社交行为。

顺序：

(a) 仪式和典礼

(b) 消遣

(c) 行动和伎俩

(d) 游戏

i. 职业游戏（角式沟通）

ii. 社交游戏（双重沟通）

(e) 亲密

在这个分类体系中,本书前面所讨论的社交游戏可以归类为:类别Ⅲ,社交编排行为;顺序(d),游戏;亚型B,社交游戏。

最后一行的"亲密",是最后一个类别,是无游戏生活的一部分。

读者可以自由地对以上分类提出批评(但请不要嘲弄或讥讽)。在这里列出这个分类并非出于作者的偏爱,而是因为它比目前使用的其他分类系统更有效、更真实和更实用,而且对那些喜欢或需要分类的人来说,它也有一定的帮助。

(全书完)

艾瑞克·伯恩
Eric Berne（1910.5.10—1970.7.15）

加拿大心理学家和精神分析师

创立了交流分析（Transactional Analysis，简称 TA）这一心理治疗学派。交流分析是一种以沟通模式为研究核心的心理治疗方法，它强调个体在人际互动中的自我状态（父母、成人、儿童），以及这些自我状态如何影响个体的行为和情感。

杨立华

本科毕业于武汉大学。于 2015 年考取心理咨询师证书，并接受一系列精神分析相关培训。

目前翻译的书籍包括《人生的智慧》《我们内心的冲突》《成为我自己》等。

人间游戏：人际关系心理学

作者 _ [美]艾瑞克·伯恩　译者 _ 杨立华

产品经理 _ 罗李彤　　装帧设计 _ 文薇　　产品总监 _ 李佳婕
技术编辑 _ 顾利军　　责任印制 _ 梁拥军　　出品人 _ 许文婷

营销团队 _ 王维思 谢蕴琦

鸣谢

陈悦桐

果麦
www.guomai.cn

以 微 小 的 力 量 推 动 文 明

图书在版编目（CIP）数据

人间游戏：人际关系心理学 /（美）艾瑞克·伯恩著；杨立华译. -- 昆明：云南人民出版社，2025.2.
ISBN 978-7-222-23455-0

Ⅰ. C912.11

中国国家版本馆CIP数据核字第20258CN589号

责任编辑：李　睿
责任校对：刘　娟
责任印制：李寒东

人间游戏：人际关系心理学
RENJIAN YOUXI：RENJI GUANXI XINLIXUE
[美]艾瑞克·伯恩　著　杨立华　译

出　版	云南人民出版社
发　行	云南人民出版社
社　址	昆明市环城西路609号
邮　编	650034
网　址	www.ynpph.com.cn
E-mail	ynrms@sina.com
开　本	880mm×1230mm　1/32
印　张	6.5
字　数	140千字
版　次	2025年2月第1版第1次印刷
印　刷	河北鹏润印刷有限公司
书　号	ISBN 978-7-222-23455-0
定　价	39.80元

版权所有　侵权必究

如发现印装质量问题，影响阅读，请联系021-64386496调换。